Denis KIALUTA LONGANA

Est-il normal de croire ?

Dénis KIALUTA LONGANA

Est-il normal de croire ?

La foi qui cherche à se comprendre

Éditions Croix du Salut

Imprint
Any brand names and product names mentioned in this book are subject to trademark, brand or patent protection and are trademarks or registered trademarks of their respective holders. The use of brand names, product names, common names, trade names, product descriptions etc. even without a particular marking in this work is in no way to be construed to mean that such names may be regarded as unrestricted in respect of trademark and brand protection legislation and could thus be used by anyone.

Cover image: www.ingimage.com

Publisher:
Éditions Croix du Salut
is a trademark of
Dodo Books Indian Ocean Ltd. and OmniScriptum S.R.L publishing group

120 High Road, East Finchley, London, N2 9ED, United Kingdom
Str. Armeneasca 28/1, office 1, Chisinau MD-2012, Republic of Moldova, Europe
Managing Directors: Ieva Konstantinova, Victoria Ursu
info@omniscriptum.com

Printed at: see last page
ISBN: 978-3-8416-1965-5

Il n'est qu'une, et une seule, raison valable de croire en Dieu : parce que c'est incroyable !

Romano Celli

3

A mes parents qui ont déjà rejoint le Père et m'ont initié à la foi.

Au cardinal MALULA qui voulait un clergé spirituellement solide, intellectuellement fort et pastoralement engagé.

Aux lecteurs du présent livre pour qu'en le lisant, ils grandissent dans la foi.

Remerciement

Je me sais redevable à l'égard de mes confrères et amis (Jean-René KIEDI, Edouard KABONGO, Gauthier NTUMBA, Gabriel KATUVADIOKO) dont le temps n'a pas compté pour lire le manuscrit de ce livre, m'éclairer sur certains points, me suggérer de nouvelles pistes. Leur contribution m'a été d'une aide précieuse. J'exprime tout particulièrement ma reconnaissance à mon ami et confrère, le recteur de l'Université Catholique du Congo, le professeur abbé Léonard SANTEDI pour avoir accepté de préfacer ce livre. Il y a apporté sa touche de théologien en cernant la problématique que j'ai abordée, en relevant ses enjeux et sa pertinence mais surtout en donnant aux lecteurs le goût de lire ce livre.

PRÉFACE

« La foi et la raison sont comme les deux ailes qui permettent à l'esprit humain de s'élever vers la contemplation de la vérité[1] ». Cette affirmation du Pape Jean Paul II s'inscrit dans le vigoureux plaidoyer entrepris par ce Pape en faveur d'un raffermissement du dialogue entre la foi chrétienne et la raison philosophique. Pour lui, si la vérité réside en plénitude dans le Verbe incarné, alors il faut une coopération entre la foi et la raison pour élucider le message chrétien et le rendre accessible à toutes les nations. La foi a donc une mission de s'expliciter elle-même et d'écouter les différentes formes de rationalité qui se développent dans le monde : dans les deux cas, un recours à la raison philosophique s'avère nécessaire.

Cette question du rapport foi et raison, science et religion, théologie et philosophie, récurrente dans l'histoire se pose de nos jours sur des bases renouvelées et inédites qui suscitent l'attention et l'intérêt non seulement des savants théologiens, philosophes et autres scientifiques habitués aux grands débats académiques mais aussi et encore davantage, de tous croyants soucieux de comprendre les raisons de croire.

Il faut ajouter que dans notre contexte où l'on assiste de plus en plus à la montée progressive des tendances émotionnelles et sacrales des religiosités portées par les nouveaux mouvements mystico-religieux, religiosités du brouhaha et du « miraculisme » qui semblent donner congé à la raison, cette question devient plus que jamais nécessaire, capitale et vitale. Il faut examiner lucidement ce qu'implique le fait de croire surtout quand cette foi n'est plus porteuse du souci de construction de la destinée humaine.

Eu égard à ce qui précède, on peut à bon droit se demander : *« est-il normal de croire »* ? Question percutante que se pose mon frère et ami, Denis Kialuta Longana, et à laquelle il donne des réponses pertinentes et prégnantes dans cet ouvrage que j'ai l'immense honneur et le réel bonheur de présenter. Loin de se prêter à un jeu de questions-réponses par sa consonance propre au traditionnel catéchisme, ce titre actualise une préoccupation multiséculaire au sujet de la proposition du message chrétien et du destin de la raison. Il porte la préoccupation majeure d'amener le croyant, plus particulièrement le croyant chrétien catholique, à la maturité de sa foi, par une adhésion, mieux par une ouverture confiante et

---

[1] JEAN PAUL II, Lettre encyclique *fides et ratio* sur les relations de la foi et de la raison, Cité du Vatican, Libreria Editrice Vaticana, 1998, n.1.

réfléchie au don surnaturel de la grâce de Dieu. Ce faisant, il ne pourra pas se fantasmer devant le miraculisme velléitaire des sectes qui gagnent l'Afrique subsaharienne, moins encore se laisser berner par l'indifférentisme barbant qui caractérise l'Occident face à la religion.

En philosophe bien formé à l'école philosophique de Louvain, polarisant les manifestations du phénomène religieux entre l'Afrique et l'Occident, Denis Kialuta Longana cerne les vrais défis de l'acte de croire aujourd'hui. D'une part, le contact avec l'espace africain en général et congolais en particulier donne en contemplation une vertigineuse, tentaculaire et spectaculaire prolifération des groupements religieux dits Églises de réveil ou sectes, si bien que devenir croyant ou « pasteur » peut être perçu comme un banal allant-de-soi, une activité ne nécessitant nullement une démarche intellectuelle du choix spirituel à opérer. D'autre part, la sécularisation du monde occidental fasciné par les avancées technologiques et scientifiques au point d'en faire l'unique référentiel de la vie humaine, resserre et confine la foi dans une sphère individuelle qui tend à rendre sa pratique inopportune, inopérante, anormale et canulante dans l'espace public. Au regard de cette ambivalence, la tâche que se donne l'auteur de cet ouvrage s'avère légitime, tant il considère que la dimension spirituelle de la personne ne peut, en aucun cas, être reléguée à l'arrière-plan comme non essentielle.

Parce que la vie spirituelle qui s'exprime par la foi est constitutive de la personne humaine et qu'elle doit être pleinement et consciemment vécue, l'auteur démontre avec clarté qu'elle doit s'affirmer par une libre et personnelle adhésion à Dieu et aux vérités qu'Il révèle, avant d'être agrippée ou intégrée à une culture donnée. C'est à partir de cette adhésion que se forment les convictions qui conduisent non seulement à la *fides qua creditur* mais aussi à la *fides quae creditur*, c'est-à-dire à une foi qui a un contenu, dans la mesure où elle devient *fides quaerens intellectum*, autrement dit une foi qui cherche à se comprendre aussi par la raison humaine. Denis Kialuta instaure ainsi une belle symphonie entre la foi et la raison qui permet d'éviter les dérives violentes d'une religiosité qui s'oppose à la raison et d'une raison qui s'oppose à la religion.

Par cette dialectique, toutes les dimensions de la personne humaine se trouvent impliquées et engagées pour donner sens à sa vie de relation avec Dieu, croisant en lui le surnaturel au naturel, par une intense circularité de ce binôme foi-raison. De ce fait, croire n'est pas un acte normal, au sens de ce qui va de soi, car il a des exigences qui appellent en plus de l'assentiment religieux, une capacité intellectuelle pour comprendre ses options spirituelles fondamentales, se passant de toute trivialité vers laquelle inclinerait facilement le spiritualisme désincarné et loufoque qu'on rencontre ici et là en Afrique ou le sécularisme occidental. Le retour incessant de l'auteur sur l'élucidation des catégories dogmatiques, rend compte de ces exigences d'autant plus que, de par sa nature, la foi ne s'accommode pas des facticités ni des facilités sentimentalistes ou subjectivistes.

Les quatre points qui constituent l'ossature de cet ouvrage, écrit dans un style limpide et flamboyant, lui donnent une architectonique de toute beauté, tendue vers une hypothèse centrale et principale : croire ne va pas de soi. Cela amène l'auteur à affirmer que la foi étant un mystère, non-innée, et pour le moins non-évidente, doit être éprouvée par la raison afin de consolider sa pratique. En fait, la foi comme confiance, comme fidélité à Dieu n'est pas naturelle comme la raison. Elle est reçue d'en haut, comme don de Dieu à travers la famille, l'Église, la société et permet à un être humain d'entrer dans le processus graduel de devenir croyant. Dans cette gradualité, des doutes, voire des inévidences, peuvent surgir par rapport au contenu, aux vérités de la foi. Cependant il y a une voie pour s'en sortir : la foi. Car, la foi appelle la foi. Toutefois, pour parvenir à saisir davantage le mystère d'amour qu'il emporte, il est important d'emprunter aussi la voie naturelle de la raison humaine qui permet de justifier sa foi comme attitude plus qu'une simple conviction intellectuelle à l'égard d'un Dieu monothéiste, libérateur, sauveur incarné et proche de l'humain. Partant, le croyant s'approprie toutes les opportunités que lui offre le mystère de la vie de Jésus pour vivre totalement et raisonnablement du divin, à l'abri de toute superficialité ou mondanité dans sa relation avec Dieu, et pour témoigner de son amour en tout temps et en tout lieu, par un engagement original et authentique dans la société.

Avouons-le, l'ouvrage de Denis Kialuta porte un enjeu de taille, celui du rapport entre la foi et la construction de la société. En nous posant cette question capitale, *est-il normal de croire ?* l'auteur nous invite en fait à une foi adulte susceptible d'être critique quand la religion devient l'opium du peuple ou quand elle se met au service d'une gestion politique complètement dévoyée, soit par indifférence des croyants aux enjeux sociaux de la foi, soit par choix délibéré de la part des escrocs du religieux qui soutiennent des gouvernements sans colonne vertébrale éthique ni compétence politico-économique avérée. Dans une telle situation où la foi est coupée de la raison et la politique privée de la spiritualité et de l'éthique, c'est la catastrophe pour la société[2]. Une religion sans raison tombe dans le fidéisme naïf, le fondamentalisme nébuleux et le spiritualisme désincarné, et de même une politique sans éthique n'est que ruine de la société, elle est une pantalonnade, elle produit l'anarchie et consacre le règne de la corruption[3].

Le mérite incontestable de cet ouvrage est de nous convaincre que des croyants à la foi adulte ne peuvent en aucun cas devenir la proie de toutes ces formes de religiosité et de spiritualités d'enthousiasme sans commune mesure avec les exigences de transformation fondamentale de nos sociétés et de nos systèmes institutionnels[4]. De tels croyants doivent être capables de dénoncer ces religiosités du brouhaha assourdissant et ces prédications abracadabrantes qui se sont emparées de l'espace religieux. Ils doivent être capables de discernement critique pour savoir que la complexité de la société moderne, les énormes défis de développement et de démocratisation qui lui sont lancés ne permettent pas à nos sociétés d'envisager l'avenir avec les yeux fermés par une spiritualité désincarnée, ni par la vague d'ésotérisme, avec les tendances oniriques et démobilisatrices qui l'accompagnent, ni par les incantations avec une attitude de résignation fataliste ou un saut aveugle dans un paradis merveilleux transcendant dont toute solution doit descendre[5]. C'est réellement l'exigence d'une restructuration spirituelle consécutive à la rencontre en vérité avec le Dieu de Jésus-Christ, une rencontre bouleversante et transformante, qui peut ouvrir des chemins inédits de renaissance, des espaces nouveaux de créativité et d'inventivité[6].

---

[2] Cf. KÄ MANA, L'Eglise dans l'espace public en Afrique : reconstruire l'imaginaire africain pour une société du bonheur partagé, dans *Théologie Africaine, Eglises et sociétés*, Revue de l'Institut Catholique Missionnaire d'Abidjan, n. 10, (2016), p. 126-127.

[3] L. SANTEDI Kinkupu, L'engagement de l'Eglise pour la transformation des sociétés. Enjeux et perspectives en contexte congolais, dans R. ONGENDANGENDA Muya (dir.), Etre Evêque en temps de crise. Engagement prophétique au service de la paix et de la dignité humaine. Mélanges offerts à S.E. Mgr Nicolas DJOMO Lola, Evêque de Tshumbe, Kinshasa, Presses de l'Université Catholique du Congo, 2021, p. 361-376.

[4] Cf. Kä MANA, Christ d'Afrique. Enjeux éthiques de la foi africaine en Jésus Christ, Paris-Nairobi-Yaoundé-Lomé, Karthala-CETA-Clé-Haho, 1994, p. 282.

[5] Voir T. SAMAKE, « Politique et religion en Afrique. Paradigme d'interaction pour un rapport harmonieux », dans Théologie Africaine, Eglise et Sociétés 9 (2016), p. 89.

[6] Voir L. SANTEDI KINKUPU, Les défis de l'évangélisation dans l'Afrique contemporaine, Paris, Karthala, 2005. Sur ce point on lira avec profit L. SANTEDI KINKUPU, Quelle théologie pour quelle évangélisation, dans L. SANTEDI K. (Dir) La mission évangélisatrice de l'Eglise dans l'Afrique d'aujourd'hui. Défis et perspectives. Colloque International à l'occasion du 50ème anniversaire du

Je félicite vivement Denis Kialuta pour cette grande, importante et plausible contribution scientifique sur le rapport foi et raison. Je recommande volontiers la lecture de cette belle œuvre non seulement aux chercheurs, mais aussi à tout croyant désireux de comprendre pour croire et de croire pour comprendre davantage sa foi et en vivre pleinement les exigences pour la construction des sociétés dignes.

Léonard SANTEDI Kinkupu

Recteur de l'Université Catholique du Congo

décret Ad. Gentes et du 40ème anniversaire de l'Exhortation apostolique *Evangelii Nuntiandi,* Kinshasa, Ed. du Secrétariat Général de la CENCO, 2017, p.403-416.

Introduction

Dans les pays d'Afrique subsaharienne, où les sociétés vivent au rythme de la religion, la foi est devenue un fait naturel et même banal. Rien d'étonnant que dans cette contrée, on passe de la foi au fidéisme, c'est-à-dire à une foi aveugle qui laisse penser qu'en cette matière, tout va de soi. Et pour autant, croire requiert l'intelligence et la volonté humaines. Les papes Jean-Paul II et Benoit XVI nous mettent, à raison, en garde contre le fidéisme qui conduit au subjectivisme. La foi n'est pas qu'affaire de sentiment et d'expérience immédiate. Il faut avoir des raisons de croire et ne pas croire sans raison. C'est ce que nous observons dans la ville de Kinshasa en RDC : la banalisation du nom de Dieu et de l'acte de croire. Exploitant la misère du peuple, les églises et les prédicateurs de la bonne nouvelle pullulent et les églisettes naissent comme des champignons.

Ces églisettes dites de réveil sont des véritables lieux d'abrutissement, d'aveuglement et d'asservissement des populations. Le nom de Dieu est instrumentalisé à des fins pécuniaires au profit des malins. Le vécu de la foi est largement influencé par des événements intérieurs et extérieurs que connaît l'individu ou le groupe des populations. Les pratiques et le vécu de la foi sont modulés par les pertes personnelles, les réussites, l'âge, les crises. À voir comment l'acte de croire est banalisé, culturalisé, voire popularisé, nous sommes conduits à soutenir l'hypothèse que croire ne peut pas être « normale » ; elle est une réponse au don surnaturel de Dieu et relève, par conséquent, d'une adhésion libre et personnelle.

A contrario, en Europe surtout occidentale où, suite à plusieurs facteurs comme : la sécularisation à outrance, conséquence d'une société fort rationalisée, l'avènement des sciences de la nature et de l'esprit (XXVIIème et XIXème siècles), le siècle des Lumières (XVIIIème siècle) et bien d'autres, on assiste à l'effondrement de la religion et à la privatisation de la foi, voire à sa perte. Enfin, l'esprit et les vérités scientifiques[7] ont tellement impacté la conscience et la vie des gens qu'ils en font leur religion puisqu'ils ne jurent plus que par eux. Ainsi, cette sphère privée de la vie a reçu un coup si fatal que la foi n'y trouve plus d'espace où se déployer.

---

[7] Nous entendons par esprit scientifique, le développement du sens de l'observation, de la curiosité et de la critique pour découvrir les causes des éléments qui apparaissent. C'est la tendance à tout vérifier pour se rassurer de la véracité des explications des choses qui se présentent devant nous.

Dans cette aire culturelle, il est plus normal de ne pas croire que de croire. La question de Dieu n'est plus, comme l'a dit André Comte-Sponville, une nécessité. *On peut bien se passer de religion ; mais pas de communion, ni de fidélité, ni d'amour.*[8] La mentalité ambiante est telle qu'il faut s'investir dans la recherche du bien-être moral, psychologique et matériel que dans celui du spirituel, donc de la foi.[9] C'est dans un tel contexte que les croyants, notamment catholiques, se gênent de se révéler croyants en public. Sans verser dans les généralités, nous constatons que certains vivent leur foi presque en toute discrétion parce que ce n'est plus à la mode. Ils vivent dans un environnement que Marcel Gauchet qualifie de ''sociétés de la sortie de la religion''.[10] Et, d'autres se déclarent croyants mais non-pratiquants.

Que ce soit en Afrique ou en Occident, la question reste pertinente : Est-il normal de croire ? Nous formulons l'hypothèse d'après laquelle, de par la nature même de la foi, croire est naturellement anormal. Étant de l'ordre du surnaturel, elle requiert le dépassement de l'humain et donc l'ouverture à Dieu. À contrario, cette hypothèse affirme-t-elle la normalité de l'incroyance ?

Il convient de noter que le terme ''normal'' ici est pris dans son sens courant, c'est-à-dire, la conformité à une moyenne considérée comme norme, ou à la nature d'une chose, qui ne surprend ni dans un sens, ni dans un autre. On peut l'envisager comme ce qui va de soi parce que conforme à la norme. Quant au verbe croire, il est polysémique. Dans notre réflexion, il va s'agir du croire en tant que foi en un Dieu monothéiste. Nous y reviendrons dans le prochain chapitre.

---

[8] COMTE-SPONVILLE, *L'esprit de l'athéisme. Introduction à une spiritualité sans Dieu,* Paris, Albin Michel, 2006, p.77

[9] Cela ne signifie pas que la foi, la recherche du spirituel ou du sens de la vie est quasiment absente dans cette région. Bien au contraire, les images traditionnelles du monde – ayant perdu leur autorité et ne constituant plus une référence – poussent les gens à la recherche de nouveaux repères et de nouvelles voies à même de les orienter pour nourrir leur âme. En revanche, la pratique religieuse a subi le contrecoup de tout ce processus d'émancipation.

[10] Michel GAUCHET, *Le désenchantement du monde. Une histoire politique de la religion, Paris, Gallimard, 1985.* Marcel GAUCHET pense que ''les sociétés de la sortie de la religion'' ne sont pas celles où la religion n'existe pas mais celles où, dans son organisation, voire dans celle du monde, notamment dans l'espace public, la part de la religion est réduite à néant. Cela est dû au processus du désenchantement du monde initié, notamment, par le monothéisme lui-même. On peut aussi consulter des ouvrages de Marcel GAUCHET (écrit en commun avec Luc FERRY), *Le religieux après la religion,* Paris, Grasset, 2004. Ici, les deux auteurs se sont attelés à la question de savoir si le processus irréversible de l'autonomisation de la société occidentale ne constituait pas la fin du sacré et donc du religieux. Et pourtant, force est de constater que, malgré ce processus, la remontée des mouvements religieux est bien réelle.

Pour étayer notre hypothèse, nous articulerons notre réflexion autour de quatre points : *primo*, La non-innéité de la foi ; *secundo*, l'inévidence de la foi ; *tertio*, la foi, un mystère ; *quarto*, les raisons de croire et de pratiquer.

Chapitre I : La non-innéité de la foi.

Dans ce premier chapitre, nous développerons notre thèse d'après laquelle la foi n'est pas innée comme la raison. À ce titre, elle n'est pas naturelle et ne relève pas du ressort de l'humain. Elle présente des dispositions surnaturelles, transcendantales. Pour le montrer, nous définirons d'abord ce que nous entendons par la foi ; ensuite, nous chercherons l'origine ou la source de la foi ; et enfin, nous répondrons à la question comment devenir croyant. Avant toute chose, posons-nous la question relative à la définition de la foi.

I.1. Que veut dire *avoir la foi* ? Que veut dire *croire* ?

I.1.1 Etymologie et signification

En latin, la foi est traduite par le vocable *fides* qui signifie la foi, la fidélité et la confiance en quelqu'un, et en grec par *pistis*, c'est-à-dire confiance. L'idée qui se dégage du concept et de la réalité de foi est celle de la confiance et de la fidélité. Nous pouvons dès lors comprendre l'usage du verbe croire tel quel, c'est-à-dire, employé pour exprimer l'attitude de foi envers quelqu'un. Je crois en toi, signifie tout simplement que je te fais confiance. Tu ne pourras jamais me trahir, étant donné ta fidélité et ta loyauté envers moi. Je peux tout te confier sans le moindre soupçon de déception. Je peux te livrer mes secrets même les plus intimes sans craindre qu'ils soient dévoilés. Je peux te confier un travail avec la conviction qu'il sera réalisé.

Dans cette perspective, la foi suppose l'amour. Les enfants, surtout en leur bas âge, adulent leurs parents pour ne pas dire les adorent. Voilà qui explique tout le respect qu'ils ont à leur endroit. N'ayant pas encore un esprit critique fort avancé, ils acquiescent, entérinent tout ce qu'ils entendent d'eux. La parole des parents est pour eux porteuse d'une vérité évangélique. Ils savent que les parents sont toujours disposés à leur faire du bien et par conséquent, sont incapables de leur faire du tort. Dans le contexte normal de la vie quotidienne, avoir la foi, c'est faire preuve de confiance, aduler, aimer les personnes humaines, en l'occurrence les parents. Il n'en est pas ainsi dans la perspective religieuse, donc spirituelle et théologique.

I.1.2 Signification spirituelle, religieuse de la foi

Dans le contexte spirituel, religieux et théologique, notre concept de foi jouit d'un triple héritage : le latin *fides*, le grec *pistis* et l'hébreu *emunah*. Celui-ci est moins une question de savoir, et plus de faire. *Emunah* signifie littéralement « prendre des mesures », alors avoir la foi, c'est agir. Tout en gardant sa signification ordinaire de confiance et de fidélité, ce terme change de sujet dans cette dernière perspective. Il porte sur Dieu, les êtres invisibles et se fait munir de l'adjectif absolu. La foi s'entend alors comme l'adhésion, la confiance et la fidélité absolues à Dieu, aux êtres suprêmes et aux vérités qu'ils révèlent. Elle consiste à tenir pour vraies les vérités venant d'eux. Ce changement de registre implique également de grandes différences sémantiques. Certes, même si dans les deux contextes (ordinaire et théologique), on utilise le verbe croire pour exprimer la foi, le sens de ce verbe se transmute également selon qu'il porte sur les humains ou sur Dieu.

Cela s'entend bien dans la mesure où les parents sont <u>des êtres visibles, proches</u> mais les personnes divines ne le sont pas de manière concrète. Elles sont invisibles et transcendantes. L'expression ''ciel'' dans le registre religieux, traduit bien cette distance qui nous sépare d'elles. De ce point de vue, croire à ses parents ne prend pas le sens de la croyance en tant que disposition religieuse mais renvoie uniquement à la confiance et à l'amour qu'on leur porte.

En revanche, croire en Dieu, c'est s'attacher totalement à Lui, aux êtres et réalités invisibles, dont l'assurance de leur présence n'est donnée que par la foi. Cela change toutes les donnes. S'il n'y a aucune évidence de ce contenu et de ceux (êtres, personnes divines) en qui je crois, je suis au moins certain de leur véracité et de leur existence. C'est à cette perspective (religieuse) que le terme croyance et le verbe croire s'appliquent réellement puisqu'on passe de l'évidence objective à la certitude subjective. On n'a pas besoin de croire ses parents puisqu'on a les preuves de leur existence, de leur amour et de leur confiance. On les voit, on en fait quotidiennement l'expérience et par conséquent, on le sait.

Mais, telle que décrite dans le livre aux Hébreux, la foi en Dieu est « la ferme assurance des choses qu'on espère, la démonstration de celles qu'on ne voit pas.[11] » ; une façon de posséder ce que l'on espère, un moyen de connaître des réalités qu'on ne voit pas. La foi chrétienne est d'abord une décision de faire confiance aux témoins qui nous parlent de Dieu, et d'organiser notre vie en conséquence. Croire veut dire : « penser que… mais sans preuve »[12]. Il est clair que la décision

---

[11] Hébreux 11,1.

[12] Sur cette importante question, on peut lire avec intérêt la méditation proposée par le Pape Benoît XVI : « *L'année de la foi. Qu'est-ce que la foi ?* », Benoît XVI, Audience générale du mercredi 24 octobre 2012.

qui découle de la foi ne peut être justifiée par des méthodes scientifiques. Nous le dirons plus en détail dans la suite de nos réflexions. Mais, cette adhésion forte à une religion est-elle innée ?

I.2. La foi est-elle innée ?

I.2.1 Origine ou source de la foi

En explorant l'origine de la foi, nous constatons de prime abord que la foi n'a pas sa source au-dedans de nous. En d'autres termes, la foi n'est pas innée, c'est-à-dire nous ne sommes pas nés avec la capacité innée de croire. Nous naissons païens. La foi n'est pas le fait de la volonté humaine. Dieu est la première source de la foi. Nous ne naissons pas avec la foi, nous l'acquérons et devenons croyants. Dans son épître aux Éphésiens, Saint Paul dit clairement que la foi est un don de Dieu. Ce n'est pas un mérite ni une dignité ni une conquête. Elle est une grâce divine, selon ses saints plans et desseins. Dieu lui-même est l'origine de la foi. (Éph. 2, 8-9)

Inné est un adjectif qui signifie ''ce que l'on possède dès la naissance''. L'adverbe dès est un marqueur performatif très important qui indique que l'on dispose de l'élément en naissant et on grandit avec lui. Inné s'oppose à acquis puisqu'il se réfère à ce qu'on a du coup à la naissance. Alors que acquis, lui, se rapporte à après coup, c'est-à-dire pas directement mais en passant par le détour de l'expérience et/ou de la réflexion, et/ou d'autres personnes. Dans cette perspective, nous pouvons conclure que la foi s'inscrit dans le registre de l'acquis et non de l'inné.

I.2.2 La foi n'est pas naturelle comme la raison

Dire que la foi est innée, c'est affirmer qu'elle est naturelle. Dans ce cas, il serait tout naturel de croire. Or, tel n'est pas le cas partout et pour tous. D'aucuns éprouvent des difficultés de croire car certains environnements sont moins favorables à l'éclosion, à la tradition ou à la transmission de la foi. Ensuite, dans le cas où la foi relèverait du naturel, comme la raison, il n'y aurait pas d'incroyants, encore moins d'indifférents par rapport à la présence ou à l'existence de Dieu. Nous ne le dirons jamais assez, la foi n'est pas naturelle comme la raison. La preuve, c'est qu'on ne définit pas l'homme comme un animal croyant mais comme un être rationnel pour désigner ainsi sa spécificité par rapport aux autres espèces de l'univers. Et enfin, si le fait de croire s'avérait inné, la tension entre la raison qui, elle, est naturelle, et la foi, serait moindre, ce qui n'est toujours pas le cas. Généralement, les incroyants opposent la foi et la raison. En revanche, les croyants les considèrent comme des lumières complémentaires, voire compatibles, pouvant les éclairer dans leurs domaines respectifs ou même s'interférer.

I.2.3. La foi est reçue : Comment devient-on croyant ?

La Seconde Épître de l'apôtre Pierre affirme que nous avons reçu la foi en partage. (2.P.1, 1) Pour paraphraser le théologien de Carthage, Tertullien, qui disait « On ne naît pas chrétien mais on le devient. », nous pensons également qu'on ne naît pas avec la foi, mais on la reçoit. L'affirmation peut paraître évidente pour les uns mais pas pour les autres. Aussi, convient-il de s'y attarder. Ici, une question s'impose : si on ne naît pas croyant, comment le devient-on ? Nous avons déjà affirmé que c'est Dieu qui est à l'origine de la foi. Celle-ci demeure un don de Dieu. Mais Dieu se sert généralement des humains et des voies qu'ils mettent en œuvre pour se transmettre la foi. Le milieu familial, étant considéré comme l'église domestique, la première école de la foi où Dieu se révèle et où l'enfant apprend à Le connaître, demeure l'un des plus importants canaux de la transmission de la foi. Ensuite viennent les différentes institutions appropriées comme la paroisse et l'école et enfin les belles et fortuites rencontres. Examinons cela.

a) La famille.

Il est attesté scientifiquement que les parents transmettent naturellement les gènes. En revanche, pour la foi, la transmission n'est pas héréditaire, à l'instar des gènes. Elle se fait à travers l'éducation que l'enfant reçoit d'eux. Cette dernière n'est pas seulement constituée de prérequis de la vie, formés-de principes élémentaires du vivre ensemble dans la société mais aussi d'éléments de base pour être connectés avec Dieu. En ce qui concerne la vie sociale, il s'agit, pour les parents, de transmettre leurs savoirs, leurs principes et leurs convictions. Ainsi, en grandissant, l'enfant assume les valeurs fondamentales régulatrices du vivre ensemble. Par l'éducation, l'enfant acquiert un certain nombre de valeurs qui élèvent son esprit, et le font grandir en connaissance et en maturité. Les principaux protagonistes de ce processus demeurent les parents et leurs enfants.

Enfin, comme souligné ci-dessus, c'est également et toujours par l'éducation, l'apprentissage que les parents transmettent la foi à leurs enfants en leur parlant de Dieu, en les nourrissant de sa parole et en les initiant aux réalités divines. Cette mission est ensuite relayée par l'institution Église selon les coutumes de chaque religion monothéiste. Pour les chrétiens, notamment catholiques, le sacrement de baptême initie et fraie le long chemin que devra désormais emprunter le baptisé. Cependant, à la différence des autres domaines de la vie qui impliquent la transmission et qui n'engagent que les parents et leurs enfants, donc des humains, celui de la foi requiert aussi l'intervention divine. Les parents peuvent bien transmettre leur foi à leurs enfants, encore faudrait-il que ceux-ci s'ouvrent continuellement à la grâce et au don de Dieu pour qu'ils s'en approprient.

Le fait d'élever les enfants dans la foi et même de vouloir que cette tradition se perpétue ne suffit pas. Il est nécessaire qu'ils accueillent la lumière de la parole de Dieu et la laissent les éclairer pour que leur foi soit effective et solide. La foi se nourrit de l'écoute et de la pratique de la parole de Dieu. C'est ce qui explique la profession de foi du néophyte adulte, faite avant de recevoir le sacrement de baptême ou des parents ou du garant, s'il est encore en bas âge. Dieu reste le protagoniste important dans la transmission de la foi. Comme l'a si clairement énoncé le concile d'Orange de 529 : « *cette foi requiert la grâce prévenante et adjuvante de Dieu, ainsi que les secours intérieurs du Saint-Esprit qui touche le cœur et le tourne vers Dieu, ouvre les yeux de l'esprit et donne à tous la douce joie de consentir et de croire à la vérité.* » Nous ne le dirons jamais assez, la foi demeure un don de Dieu. D'ailleurs, saint Paul l'inscrit sur la liste des dons de l'Esprit Saint (1. Cor. 12,19). Une fois reçu, ce don doit être cultivé, exploité par le bénéficiaire pour qu'il porte des fruits escomptés.

Que la foi soit un don de Dieu, cela ne peut nous étonner dans la mesure où elle se rapporte à une réalité invisible, qui n'est pas à la portée immédiate de l'humain. Le sujet (pour ne pas dire l'objet) de la foi est Dieu. Voilà pourquoi, la foi n'est pas évidente. Nous l'expliquerons au chapitre suivant. Voilà qui, de notre point de vue, explique l'action de Dieu dans l'acquisition de la foi. Son rôle étant important, nous comprenons dès lors pourquoi Il a choisi de se révéler, de se faire connaître à l'homme. C'est non seulement pour assouvir le profond désir de l'homme de Le connaître mais aussi pour qu'il ne L'appréhende pas de sa façon, à la manière humaine mais tel qu'Il se dévoile à lui.

b) *Les institutions religieuses : Église, Temple, Mosquée*

Le deuxième canal de transmission, ce sont les institutions Église, Synagogue et Mosquée. Cette voie demeure le lieu d'apprentissage et d'approfondissement de la foi. Nous dirons même que c'est l'école de la foi par excellence où l'enfant apprend non seulement à connaître mais aussi à comprendre le contenu de sa foi.[13] C'est là qu'il est formé à la foi par une catéchèse initiatique approfondie. C'est là également qu'il la célèbre avec les autres. L'Église constitue le lieu de jonction entre la dimension individuelle de la foi et sa dimension collective.[14] C'est l'assemblée des croyants. Le concile Vatican II, dans sa Constitution *Lumen Gentium*, l'a envisagée comme peuple de Dieu et lui a assigné la mission salvifique de la sanctification de ce peuple par l'enseignement, l'administration des sacrements et le témoignage de vie.[15] Mais ce n'est pas seulement dans l'Église que le croyant vit sa foi. Affectant toute la vie de la personne qui l'embrasse, la foi se vit via le témoignage et, ce dernier se réalise dans la société.

c) *La société*

La société est aussi le lieu de transmission de la foi, notamment à travers l'une de ses institutions, l'école. Celle-ci est perçue comme le lieu par excellence d'instruction et d'éducation. Même si la religion y est dispensée comme un cours magistral et non comme une catéchèse, un cœur peut toujours être touché par la Parole de Dieu et y adhérer. Une rencontre fortuite[16] avec un croyant convaincu, qui témoigne de sa foi par sa vie et qui échange son expérience de vie en partageant la Parole de Dieu, peut déclencher le processus de foi. Il est donc essentiel de rencontrer de tels témoins.

La société est aussi représentée par l'environnement dans lequel on évolue. Comme nous l'avions mentionné ci-dessus, les personnes qui vivent dans un contexte où la croyance en Dieu est quasi culturelle, où la société vit au rythme de la religion, disposent d'un atout sans faille pour accéder à la foi. L'inconvénient d'une telle foi vécue sous l'influence de la culture, est qu'elle se révèle flottante[17]. De plus, cette foi vécue par tous comme un phénomène culturel de société n'aide pas le néophyte à prendre du recul pour se questionner dans le but de comprendre davantage le contenu de ce à quoi il adhère. Aussi, ne le remet-il pas en question,

---

[13] Chez les protestants, c'est l'école du dimanche qui assure cette initiation. Elle est un ministère qui a pour but de donner aux enfants le désir de Dieu à travers les enseignements bibliques.

[14] Ce que nous disons de l'église, concerne aussi la synagogue et la mosquée

[15] *Lumen Gentium*, 22

[16] Fortuite, parce que de telles rencontres ne sont toujours pas planifiées mais inattendues. Mais à la lumière de la foi, on y voit l'intervention de Dieu qui les a mises sur le chemin de l'élève.

[17] Nous assistons à une baisse considération non seulement de la foi mais aussi de sa pratique en Occident dès le moment où elle est devenue une adhésion libre et personnelle.

ni ne s'interroge-t-il pas sur les attitudes à adopter face à la société. On croit parce que c'est la tradition qui le recommande.

En d'autres termes, on croit parce que tout le monde croit. Par snobisme, on se laisse embarquer dans la mode établie par la communauté. Une telle foi ne se prête pas à comprendre. À moins d'un effort personnel pour l'approfondir en la nourrissant, elle risque de ne pas s'enraciner dans le cœur et, par conséquent, demeurer sans racines. Tel est l'enjeu d'une foi qui n'est pas fondée sur une conviction personnelle forte. En revanche, comme nous l'avons souligné ci-dessus, ceux dont l'environnement n'est pas propice à la foi, ont de la peine à croire parce qu'ils n'en savent rien. La présence des incroyants constitue la preuve palpable de la non-innéité de la foi. On est tous incroyant, donc païen à la naissance, jusqu'à ce qu'on rencontre d'autres croyants qui nous initient et nous font adhérer aux affaires de Dieu.

I.2.4. *Foi comme adhésion personnelle et comme contenu de la révélation*

Il va sans dire que la foi est une adhésion personnelle à Dieu et aux vérités qu'Il révèle [18] avant d'être intégrée et vécue dans la culture. En ce sens, elle est une réponse personnelle à la sollicitation de Dieu. Elle est une adhésion libre à sa personne et à son message. Elle devient un choix effectué de plein gré et qui, à la longue, finit par s'ériger en conviction. C'est ici que la compréhension du message entre en ligne de compte car il ne s'agit pas seulement de croire en Dieu (*fides qua creditur*)) mais aussi d'assumer et de comprendre le contenu de cette foi (*fides quae creditur*)[19] D'où l'expression latine : *Fides quaerens intellectum*, c'est-à-dire : la foi qui cherche à se comprendre aussi par la raison humaine.

Au regard de ce qui précède et vu les moyens par lesquels la foi est transmise, il y a lieu de ne pas condamner mordicus ceux qui ne croient pas. Cela est d'autant plus vrai que nous ne choisissons pas notre lieu de naissance, ni nos familles. Personne n'a demandé de naître dans une famille où la foi et sa transmission sont des réalités inconnues. Comment peut-on connaître Dieu, un Être invisible, si on

---

[18] À ce propos, il suffit de se référer aux écrits de D. Villepelet qui, partant de la distinction augustinienne de fides qua creditur et fides quae creditur, articule mieux ces deux dimensions de la foi, à savoir : l'adhésion personnelle et le contenu de la révélation. D. VILLEPELET, *L'avenir de la catéchèse*, Paris-Bruxelles, Ed de l'atelier-Lumen Vitae, 2003 ; Les défis de la transmission dans un monde complexe. Nouvelles problématiques catéchétiques (Théologie à l'Université) Paris, Desclée de Brouwer, 2009

[19] H. de LUBAC, *La foi comme vie communiquée. Fides qua ». et « fides quæ »*, Paris : Desclée De Brouwer, 2011.

n'en a jamais entendu parler ? Comment peut-on palper les réalités surnaturelles si on vit dans un environnement imprégné d'expériences totalement naturelles et donc humaines ? Ces questionnements sont aussi ceux que saint Paul évoque, d'une manière ou d'une autre, dans sa lettre aux Romains lorsqu'il écrit : « *En effet, quiconque invoquera le nom du Seigneur sera sauvé. Or, comment l'invoquer, si on n'a pas mis sa foi en lui ? Comment mettre sa foi en lui, si on ne l'a pas entendu ? Comment entendre si personne ne proclame ?* » [20]

Il est vrai que la beauté, l'ordre et la grandeur de l'univers peut suggérer, après coup, une réflexion[21] sur la présence d'un Être supérieur, mais elle ne donne pas nécessairement lieu à la foi. Penser que Dieu existe, ne signifie pas ipso facto croire en Dieu. Penser est un acte mental qui ne requiert pas nécessairement un engagement dans le domaine de la foi.[22] Croire est un acte de cœur qui implique toute la personne dans la relation qu'elle entretient avec Dieu. Enfin, comme nous l'avons précisé ci-dessus, on ne découvre, à proprement parler, le Dieu de la Bible que dans sa révélation.[23] C'est Dieu qui se fait connaître en se dévoilant. La première initiative Lui revient. En se révélant, l'inconnu enlève le masque qui l'enveloppait pour être connu. C'est à l'humain de l'accueillir ou pas.

Ainsi, à la question de savoir comment devient-on croyant particulièrement chrétien, nous sommes suffisamment éclairés pour y revenir de nouveau. Le verbe *devenir* et sa réalité ont fait l'objet d'une grande polémique[24] qu'il convient de s'y attarder. Ce verbe (*devenir*) peut se comprendre comme un fait, un acte ou un état

---

[20] Rom. 10, 14.

[21] C'est au bout de sa démarche philosophique que Descartes est parvenu, après coup, partant de la finitude de l'homme mais également du fait qu'il peut, malgré ses limites, être nettement et distinctement éclairé au point de parvenir à des vérités indubitables, à affirmer l'existence de Dieu. Pour lui, cette idée claire ne pouvait provenir que d'un être qui n'est pas fini qui l'a inspirée à l'humain. Si l'homme qui est fini et imparfait, parvient à concevoir l'idée de l'infini et du parfait, c'est que c'est un être infini et parfait qui a introduit cette idée d'infini et de parfait en lui. Cet être ne peut être que Dieu. Voilà une explication rationnelle de l'existence de Dieu. R. Descartes, *Méditations métaphysiques*, GF Flammarion, Paris, 2011, p.152. Le concile Vatican I a aussi emboîté le pas à saint Thomas d'Aquin en affirmant que *oui la raison naturelle pouvait atteindre Dieu, du moins atteindre la connaissance claire qu'Il existe, en tant que Créateur du monde*, Constitution *Dei Filius* (24 avril 1870, 3ème session) [1871]

[22] Jean-François Malherbe disait que le degré d'implication du philosophe à la vérité philosophique est moindre par rapport à celui du théologien à la foi. *Le langage théologique à l'âge de la science*, Lecture de Jean Ladrière, Cerf, 1985.

[23] Voir Vatican I. *Idem.*

[24] Il suffit de lire l'article de Jean le Duc sur ce sujet pour s'en convaincre. Voir : https://levigilant.com › on_ne_nait_pas_chretien

qui interviendra plus tard, dans le futur mais dont on porte peut-être les germes dans le présent. Un enfant ne restera pas éternellement enfant. Il est appelé à grandir pour devenir adulte, et à s'assumer. Ce changement qui apporte beaucoup de transformations dans sa vie, s'accomplit naturellement, moyennant sa participation, son implication. Ses choix, ses options personnelles, sa manière d'être dans la vie et dans la société, son parcours scolaire et/ou académique, y sont pour beaucoup dans cette croissance ou processus du devenir.

C'est ce qu'Aristote a qualifié de puissance et de l'acte.[25] Au sujet de la foi, on peut dire qu'un enfant non baptisé, est un croyant en puissance si toutes les conditions pour l'être sont réunies. Il est né incroyant mais il peut changer de statut en devenant croyant. Dans la perspective de la foi, ce devenir pose un double problème parce qu'il implique un choix et un engagement personnel, laissant entendre par là un effort personnel de l'humain sans intervention de Dieu. Enfin, une fois acquise, elle ne reste pas statique. Elle s'inscrit toujours dans une dynamique de recherche. Examinons cela de près.

I.2.5. Devenir croyant (chrétien).

Le terme *devenir chrétien* cristallise toute la critique que Jean le Duc avait adressée aux disciples de Tertullien. Il leur reproche de tronquer et de contrefaire la vérité chrétienne en affirmant qu'on devient chrétien. La confusion vient du verbe *devenir* pris dans son sens ordinaire. Il signifie alors : *passer d'un état à un autre, évoluer, se faire, se transformer.* Pris dans ce sens, Jean le Duc y voit un effort personnel de l'homme pour devenir ce qu'il doit être en acte comme le dirait Aristote. Transposé dans le contexte de la foi à laquelle le salut de Dieu est suspendu, il perçoit négativement le verbe *devenir* entendu comme un effort psychologique de l'homme. Traduit comme cela, il apparaitrait que l'homme entend être sauvé tout seul, grâce ou à cause de ses œuvres, de ses efforts, de sa volonté et de ses mérites. Cela contredit la conception chrétienne du salut, notamment protestante, pour laquelle, on n'est sauvé que par la grâce de Dieu.[26]

---

[25] Puissance et acte sont deux catégories fondamentales ontologiques d'Aristote par lesquelles il a tâché d'expliquer d'abord le changement potentiel en vue d'une personne, voire d'une chose pour devenir enfin ce qu'elle doit ou est appelée à être. Ce qui est en devenir, donc sujet au changement, est donc en puissance et non en acte. Mais ce qui parvient à son état final est en acte. Nous pensons pour notre part qu'en matière de croyance, la foi n'est jamais statique, donc pas un acquis définitif mais toujours à acquérir. C'est un cheminement.

[26] Jean le Duc, idem.

Une telle approche, essentiellement moderne, qui affirme l'autonomie de l'homme ne s'inscrit pas, de notre point de vue, dans le registre de la foi où la part de Dieu est très prépondérante. Elle rejoint la conception existentialiste de l'athéisme, qui réprouve l'existence parce qu'on la subit en la recevant de manière passive. Pour l'existentialisme athée, l'humain doit façonner son destin, son essence en puisant dans ses propres ressources. Si les interprétations des évangélistes tertullianistes, comme Sébastien Fade, vont dans le sens d'une exclusion de l'intervention divine dans le processus de la foi et insistent plus sur la volonté délibérée, donc sur le libre arbitre de l'homme, alors la critique de Jean le Duc est fondée. La position de ces évangélistes se réclamant de Tertullien nierait carrément la dimension surnaturelle de la foi.

En revanche, si la grâce de Dieu et le don qu'Il octroie, excluent la part et l'implication des humains, sous prétexte de la corruptibilité de leur nature, principalement de leur volonté, alors nous nous inscrivons en faux contre Jean le Duc. Dieu ne considère pas l'homme comme un réceptacle passif chez qui Il déverse tout son amour. Si tel était le cas, l'humanité ne serait remplie que des croyants et de bons puisque tout le monde serait porteur de son amour. Dieu, en effet, ne s'impose pas. Néanmoins, Il propose aux humains ses dons, sa parole, son amour. Celui qui les refuse, se les prive de lui-même à moins qu'il s'ouvre de nouveau à l'appel de Dieu pour en bénéficier.

Dans la démarche de foi, la dimension de liberté est importante puisque le sujet croyant est censé adhérer librement ou pas aux vérités révélées. La participation de l'humain au processus de la foi et de son salut est de mise. Saint Augustin l'avait déjà perçu au point de le traduire dans une phrase succincte, devenue aujourd'hui un principe théologique : « *Dieu qui nous a créés sans nous, ne nous sauve pas sans nous.* »[27] La participation humaine se situe dans la réponse positive ou négative qu'il réserve à Dieu et dans ce qu'elle implique.[28] La foi fait osciller l'humain entre ciel et terre, et vice versa. Il est orienté vers les réalités surnaturelles pour transformer de l'intérieur les réalités terrestres.

---

[27] Saint Augustin, Sermon 169, 11, 13 ; PL 38, 923

[28] Pour son plan du salut, Il aurait pu carrément s'imposer à la Vierge Marie pour le réaliser. Il a plutôt dépêché son ange pour négocier et lui expliquer cette mission. Le OUI de Marie a été très déterminant dans l'accomplissement de son plan et a valu à toute l'humanité la présence salvifique de Dieu. La pédagogie de Jésus dans les évangiles est très instructive également. Auprès de la femme adultère qu'Il a libérée de l'agression physique, Il a simplement proposé de ne plus pécher. Pour accomplir un miracle, il ne s'imposait pas mais répondait aux attentes et à la demande des gens ayant la foi.

C'est dans cette perspective qu'il convient de concevoir le choix personnel de l'humain dans le processus de la foi, et donc de son salut. C'est un réel engagement qui n'est pas, comme dans l'approche moderne, celui qui consiste à mettre uniquement en évidence l'autonomie du sujet. Dans tous les cas, dès le moment où l'hétéronomie,[29] la tendance à chercher ou justifier hors de soi les convictions, même religieuses, est mise à mal, la perspective de la foi est également en souffrance. De plus, si au niveau de la modernité, l'hétéronomie est envisagée comme une aliénation, enchaînant l'homme, le privant de sa liberté, au niveau de la foi, elle est conçue comme une voie de salut, et donc de libération.

Il y a lieu de faire remarquer à Jean le Duc que le devenir chrétien est, certes, l'œuvre de Dieu. C'est lui qui, en premier, prend l'initiative. C'est seulement après que l'humain adhère à la vérité divine qui se révèle à lui. Le terme *devenir* ne veut donc pas dire que l'humain est le seul maître à bord. L'humain ne se fait aucune idée de Dieu s'il ne passe pas par la réflexion ou si personne ne lui parle de Dieu. Voilà ce qui explique la participation des humains que Dieu appelle. Et, en y répondant positivement, ils s'engagent dans l'œuvre évangélisatrice, collaborant ainsi à la mission des apôtres.

D'ailleurs, la foi chrétienne est apostolique. Ce sont les apôtres qui ont été les premiers élèves de Jésus mais aussi ses amis.[30] Ils ont été les témoins vivants de sa vie et des événements qui l'ont entourée, notamment ses miracles, ses enseignements, sa crucifixion, sa mort et sa résurrection. C'est grâce à leur foi et à leur témoignage, qu'ils ont transmis à l'humanité chrétienne ce qu'elle croit aujourd'hui.[31] Depuis, à travers la mission de l'évangélisation, la Bonne Nouvelle se transmet de génération en génération jusqu'à nous atteindre. C'est dire que Dieu se sert toujours des humains pour réaliser son plan de salut. En affirmant cela, nous confirmons en même temps l'importance de la dimension surnaturelle de la foi.

---

[29] Nous reviendrons souvent sur les 2 concepts de l'autonomie et de l'hétéronomie. Il convient de les circonscrire dans le contexte philosophique dans lequel nous les utiliserons. Autonomie signifie alors la faculté de se diriger soi-même à partir de ses propres normes. Hétéronomie, c'est le fait de se référer aux normes en dehors de l'humain pour s'orienter, se diriger, se fixer. Dans la perspective de notre réflexion, la référence, c'est Dieu

[30] Jean 15, 15 : « *Je ne vous appelle plus mes serviteurs mais mes amis.* ».

[31] Voir Luc 1,1-3.

I.2.6. La foi comme un processus

Une fois acquise, la foi nécessite d'être nourrie, approfondie, élucidée afin de la bâtir sur des convictions sûres et solides. Le moins que nous puissions dire, c'est qu'elle n'est jamais un acquis définitif. Si les dons naturels – notamment la faculté de pensée et de raisonnement – finissent par s'affaiblir quand on ne les met pas à jour, ni ne les active pour les rendre opérationnels, a fortiori, la foi qui est un don surnaturel. Si l'expérience naturelle s'acquiert, s'améliore au fil de la pratique, l'expérience surnaturelle obéit également à la même règle. C'est pour la rendre toujours forte, solide et inébranlable qu'il convient de la nourrir. La vie humaine est pleine d'obstacles qui requièrent des convictions fortes pour éviter de tomber dans l'abîme. C'est ce qui peut arriver quand, dans notre vie, nous traversons des moments difficiles : la souffrance quotidienne, la perte d'un être cher ou d'autres pertes, les échecs de la vie, les doutes suscités par des questions que nous nous posons … Pour nourrir notre foi, quatre voies se présentent en nous. Ce sont des lieux d'approfondissement de la foi.

La *première*, c'est *la prière* sous toutes ses formes dont la plus sublime est l'eucharistie. Elle est la principale forme parce qu'elle comporte l'écoute de la Parole et la communion au Corps et au Sang de Notre Seigneur. Elle est aussi le lieu de fraternité entre les membres de la communauté. (Nous y reviendrons au troisième chapitre). En effet, prier, c'est se ressourcer, s'abreuver à la source du salut. C'est rencontrer Dieu, entrer en intimité profonde et dialoguer avec LUI. Telle est la grâce que nous recevons dans la célébration eucharistique.

La *deuxième*, c'est l'approfondissement et le partage de la Parole de Dieu. La foi chrétienne, à la différence de la foi juive et musulmane, est d'abord une relation, une rencontre avec une Personne avant d'être un code des lois consigné dans un livre. Les chrétiens ont en leur présence un Dieu qui parle et qui écoute ; un Dieu qui entre en relation, qui vient à la rencontre de ses partenaires. Il se dévoile à travers sa parole. Il est d'ailleurs Lui-même *la PAROLE* créatrice. À travers sa parole, Il nous adresse ses messages et nous communique sa volonté. Il nous révèle ses desseins, son plan de salut. À travers elle, Il se dévoile en nous. Écouter, méditer, approfondir et partager cette parole, c'est nourrir la foi, la rendre solide comme le roc. L'écoute, l'approfondissement et le partage hydratent nos cœurs desséchés par nos envies et nos soucis quotidiens. D'ailleurs, à plus d'un passage, dans les écritures saintes, s'adressant à son peuple, Dieu commence par lui dire : ''Écoute Israël''. SHEMA Israël.

La *troisième*, c'est la réception et la fréquentation des sacrements. Ceux-ci constituent pour les croyants, notamment les catholiques, l'un des signes de la rencontre avec Dieu. À travers eux, les chrétiens reçoivent les grâces nécessaires pour vivre quotidiennement en communion profonde avec Dieu. Les sacrements de l'initiation chrétienne, à savoir le Baptême, la Confirmation et l'Eucharistie, constituent pour nous un prérequis qui aide à forger la foi et qui, par conséquent, fertilise notre vie chrétienne. Par le sacrement de la réconciliation, les liens que nous brisons régulièrement avec Dieu par nos infidélités sont renoués. Le sacrement des malades réconforte la foi des malades pour qu'ils traversent les épreuves de la maladie dans la foi et dans la paix.

La *quatrième*, c'est le témoignage chrétien dans nos milieux de vie. Mus par la foi, unis à Dieu par la prière, nous sommes éclairés et guidés par la lumière de l'Esprit. Nous ne pouvons alors que rayonner et témoigner au monde de l'amour, la justice, la compassion, la tendresse, la paix et la puissance amoureuse de notre Dieu. Ce témoignage est plus éloquent que les discours inutiles et stériles que nous menons quelquefois avec nos proches. L'exemple de Job est très édifiant. Malgré les épreuves existentielles qu'il a endurées dans sa vie, il n'a pas renié sa foi, ni ne s'est révolté contre son Dieu. Partant de la destruction de ses biens à la disparition des siens, il a tenu bon dans sa foi. Sa relation avec Dieu ne s'est pas pour autant altérée. S'inspirant de cette expérience de Job, saint Paul déclare : « ... *qui pourra nous séparer de l'amour du Christ ? la détresse ? l'angoisse ? La persécution ? La faim ? Le dénuement ? Le danger ? Le glaive ?... J'en ai la certitude : ni la mort ni la vie, ni les anges ni les Principautés célestes, ni le présent ni l'avenir, ni les Puissances, ni les hauteurs, ni les abîmes, ni aucune autre créature, rien ne pourra nous séparer de l'amour de Dieu qui est dans le Christ Jésus notre Seigneur.* » (Rm. 8, 35 ; 38-39).

Un autre exemple est celui des saints François d'Assise, Mère Theresa et bien d'autres d'ailleurs qui, en relativisant les biens de ce monde, ont impacté l'humanité en l'orientant vers le don de soi, la charité et la fraternité. Un des ingrédients de cette quatrième nourriture est, bien entendu, la charité, la fraternité, l'entente avec les autres, dans les relations désintéressées d'amitié, dans l'organisation de la justice et dans la recherche de la paix pour un mieux vivre ensemble.

I.2.7. La foi se prête au doute.

La foi s'expose au doute. Disons-le, avoir la foi n'exclut pas les doutes. Cela ne peut nous étonner dans la mesure où la foi porte sur des réalités surnaturelles dont nous n'avons aucune connaissance certifiée.[32] La foi ne nous donne qu'une certitude subjective mais pas une connaissance évidente à l'instar de celles des théories scientifiques.[33] Le croyant est certain de ce qu'il croit mais, la foi étant de l'ordre de l'invisible, il n'en est pas totalement sûr. Comme l'a dit le pape François : « *la foi n'est pas seulement un silence qui accepte tout sans répliquer, l'espérance n'est pas une certitude qui te met à l'abri du doute et de la perplexité. Très souvent l'espérance est obscurité ; mais c'est là qu'est l'espérance... Qui te fait avancer.* » [34] A titre d'exemple, la résurrection relève de la foi parce que personne n'a déjà vu les morts ressusciter. Mais, même si on y croit, le doute persiste quant à sa véracité. Les questions relatives à l'au-delà restent souvent sans réponse même chez certains croyants, à moins de les inscrire dans la perspective de la foi. De plus, le fait de la résurrection n'appartient pas à l'humain mais à Dieu, Lui-même. C'est Lui qui ressuscite. Ni les vivants, ni les morts ne savent avant leur heure fatidique le sort que Dieu leur réserve. Personne n'en est sûr. Raison pour laquelle les croyants espèrent en la résurrection après leur mort.

Cette espérance est nourrie par la foi en la résurrection, celle du Christ, et par les exhortations des apôtres. Ainsi que le déclare saint Paul dans sa première lettre aux Thessaloniciens : « *Jésus, nous le croyons, est mort et ressuscité ; de même, nous le croyons aussi, ceux qui se sont endormis, Dieu, par Jésus, les emmènera avec lui.* »[35] Mais, cela suffit-il pour que la résurrection devienne une évidence pour un croyant ? Nous ne pouvons l'affirmer que par principe et non en tenant compte de la réalité. Sinon, les croyants, surtout chrétiens, affronteraient le moment fatal de la mort dans l'apaisement total. C'est dire que l'espérance,

---

[32] Dans sa critique de la raison pure, Emmanuel KANT a bien relevé les limites de la raison qui ne peut percevoir que les phénomènes et non les noumènes, c'est-à-dire, les choses en soi. Dieu en fait partie. Emmanuel KANT, *La critique de la raison pure*, Paris, PUF, 1781.

[33] Pouvons-nous affirmer que la connaissance scientifique est totalement évidente ? Ceux qui s'y sont penchés ne sont pas de cet avis. Sinon, KARL POPPER, pour ne citer que lui, n'aurait pas décrété la falsification comme critère de la vérité scientifique. De son point de vue, une théorie n'est scientifique que si elle se prête à la falsification, c'est-à-dire n'est vraie que tant qu'une autre ne vient pas la contredire ni apporter une nouveauté. Karl Popper, *Conjecture et réfutations*, Paris, Payot, 1963

[34] Pape François, *Audience générale* du 28 décembre 2016.

[35] 1 Thessaloniciens, 4, 14.

comme la foi, n'est pas définitivement acquise. Elle requiert un entretien permanent afin qu'elle ne défaille pas et qu'elle soit toujours vivante.

Enfin, même si Dieu s'est révélé et s'est même rapproché de l'homme, lui devenant semblable, Il demeure toujours pour lui un mystère, c'est-à-dire un Inconnu. Les croyants ont beau scruter ou approfondir les messages divins dans les Écritures Saintes, ils ne pourront jamais en percer totalement la profondeur. Ainsi, une personne avide de connaissances, de savoirs et d'assurances peut avoir deux attitudes par rapport à la foi si tout n'est pas clair dans son esprit. Elle peut plonger dans le plein abandon ou dans la confiance totale en Dieu : ce qui implique le dépassement de son être de chair. C'est l'expérience vécue par l'apôtre Thomas à la résurrection du Crucifié. Il a d'abord douté avant de professer sa foi. Elle peut aussi persister dans le doute qui, s'il n'aboutit pas, risque de conduire au scepticisme ou à l'athéisme. Dans tous les cas, le doute révèle que la foi est un chemin que l'on poursuit jusqu'à la fin de la vie. Et tout croyant s'y investit avec le ferme espoir que, ce jour ultime – par   la grâce de Dieu – il sera admis à son éternité et il pourra Le voir face à face. Alors, ce qui apparaissait comme un mystère se révélera dans sa plénitude.[36] Ainsi, tant qu'on sera de ce monde, le doute restera un chemin de recherche de vérité et de lumière dans la foi et l'espérance.

Conclusion.

Dans ce chapitre, nous nous sommes évertués à montrer le caractère surnaturel de la foi. Ce n'est pas parce qu'une bonne partie d'hommes croient que la foi devient naturelle. Elle n'est pas innée ! Sinon – comme pour la raison – la croyance en Dieu serait universelle. Elle est un don de Dieu, une invitation à s'ouvrir à Lui. Cette ouverture ne va pas non plus de soi. Elle est facilitée d'abord par l'environnement familial dans lequel on grandit, puis par les institutions comme l'Église, l'école et enfin, par la (les) rencontre(s) fortuite(s) avec des témoins.

La foi s'acquiert mais nécessite d'être approfondie. Cette dimension surnaturelle de la foi s'explique par le fait qu'elle porte sur Dieu, qui est invisible. Voilà qui justifie le fait que l'homme ne puisse pas L'atteindre par ses propres efforts, ni par ses propres compétences. Il ne peut L'atteindre que par des voies divines. La foi ne s'inscrit pas dans l'ordre des mérites, même si la part humaine est requise.

---

[36] 1 Corinthiens 13, 12 : « Nous voyons actuellement de manière confuse, comme dans un miroir ; ce jour-là, nous verrons face à face. Actuellement, ma connaissance est partielle ; ce jour-là, je connaîtrai parfaitement, comme j'ai été connu. ».

Quand l'homme a tenté de Le chercher par lui-même, il est tombé sur les dieux polythéistes,[37] qu'il s'est octroyé en les imaginant ou en les fabriquant. Ces dieux sont donc immanents. Quand il a utilisé sa raison pour connaître Dieu, il a abouti à une certaine idée qui ne tient pas compte de sa nature divine. Il est conçu, par exemple, comme *une Cause incausée*[38], comme l'Absolu ou le Principe des principes, comme l'Être le plus parfait qui existe et que l'homme peut concevoir.[39] Ces idées – produits de la raison – sont transcendantales. Mais on ne peut pas passer de ces idées de Dieu au Dieu de la révélation sans un saut vers la foi.

 C'est en s'orientant vers l'accueil de sa révélation à travers laquelle le Dieu de la foi se présente à nous tel qu'Il est, et non pas tel que nous voudrions qu'Il soit pour nous, que les croyants se retrouvent en sa présence. Nous considérons ce saut comme un dépassement de la raison humaine pour une autre réalité transcendante. Étant de l'ordre du surnaturel, toute attitude de foi implique un dépassement de la nature humaine ; non pas, cette fois-ci, pour aller au-delà de la raison mais pour plonger dans l'intériorité, lieu de la rencontre avec le Seigneur. Nous reviendrons sur cette forme de dépassement dans la suite de nos propos.

La foi n'est rien d'autre que cet accueil de Dieu de la révélation, qui parle avec l'homme, et s'adresse à lui, entretient un lien personnel avec lui. Sans s'imposer, Dieu lui tend sa main pour qu'il la saisisse. C'est dire que, dans la démarche de la foi, c'est Dieu qui fait le premier pas en passant par la famille, l'institution Église, les écoles, la société et les autres. Tout ce qui relève de Dieu, détient toujours un caractère surnaturel. Aussi, étant de l'ordre de l'invisible, donc du surnaturel, la foi ne peut être un fait banal mais demeure toujours un mystère même si c'est l'homme qui la vit et en fait l'expérience. Elle se présente comme la rencontre du connu infiniment petit avec l'Inconnu infiniment grand.

---

[37] Les dieux polythéistes relèvent du désir profond des humains de comprendre les énigmes de la nature. Aussi, ont-ils attribué aux différentes composantes du monde, si pas toutes, mais une partie de divinité. Le polythéisme est donc une croyance à toutes ces divinités.

[38] Platon parlait déjà dans *Les lois,* X, 895, de la cause première pour lutter contre l'athéisme. Pour sa part, Aristote développera, après son maître, dans *La métaphysique*, XII / Lambola, VII l'idée d'une cause qui meut sans être mue. D'où l'idée d'une cause incausée.

[39] On peut recourir ici aux écrits de Descartes et de Saint Anselme : Dieu est l'être tel qu'on ne peut en imaginer de plus grand.

Chapitre II. L'inévidence de la foi.

Deux concepts nous serviront de fil conducteur tout au long de ce chapitre. Il s'agit de concepts d'*évidence* et de *certitude*. En effet, une *évidence*, d'après les différentes approches consultées, désigne *le caractère de ce qui est immédiatement perçu par le sens, notamment, par la vue. C'est tout ce qui est visible, manifeste, qui s'expose aux regards, qui se montre avec l'intention de se faire remarquer. Elle désigne aussi le caractère de ce qui entraîne immédiatement l'assentiment de l'esprit, soit à partir d'un raisonnement, soit à partir de la constatation des faits. C'est ce qui se démontre de manière indiscutable*[40]. La *certitude*, quant à elle, est – selon les contextes – un *sentiment, un état d'esprit de la personne qui reconnaît quelque chose hors de doute, qui croit profondément sans réserve. C'est un état de l'entendement à l'égard d'un ou de plusieurs jugements qu'il tient pour vrai(s).*[41]

Ces approches sont tellement claires que la distinction entre *évidence* et *certitude* saute aux yeux. La certitude caractérise l'état d'une personne qui consent à tort ou à raison à une idée. Elle est subjective. L'évidence est ce qui s'impose à l'esprit humain au point de ne plus en avoir le moindre doute. Pour René DESCARTES par exemple, l'évidence désigne l'idée claire, celle que son esprit conçoit clairement, nettement et distinctement. Aussi l'a-t-il érigée en critère de vérité. Ces différences étant clarifiées, la question qui se pose par rapport à la foi est de savoir, dans quel registre pouvons-nous l'inscrire. Est-ce dans celui de l'*évidence* ou dans celui de la *certitude* ? C'est à cette question que ce chapitre va s'atteler. Il examinera d'abord la manière dont les humains ont assouvi leur soif de Dieu et ensuite, l'évidence ou l'inévidence de la foi tant pour les croyants que pour les non-croyants.

II. 1. Le(s) dieu(x) des humains. (Approches mythiques)

Depuis les origines, les hommes sont toujours à la recherche de Dieu ou mieux, d'un Être Suprême. Le besoin de croire en un être transcendant est inscrit dans la nature humaine. Cependant la foi ou la croyance est loin d'être une évidence rationnelle. En revanche, la non-évidence de la foi n'a jamais exclu une telle quête. Celle-ci se justifie par la soif de déchiffrer les énigmes de l'univers et de répondre à la question existentielle du sens de la vie. Nous devons même avouer

---

[40] https://www.cnrtl.fr/définition évidence. Consulté le 24 octobre 2023

[41] *Idem.*

que l'univers entier est encore aujourd'hui l'objet de questions et d'interrogations pour l'humain. Aussi, tente-il régulièrement d'élucider ce qui ne lui paraît ni clair, ni évident. Grâce à ses facultés cognitives, il est poussé à comprendre les choses pour se les expliquer.

Il y a là une démarche qui peut être qualifiée de naturelle. Les questions que les hommes se posent sur les origines, la finalité, le comment, le pourquoi de l'univers, de la nature et de la vie, se présentent pour eux comme des défis à relever. Tant qu'ils n'y ont pas encore répondu, et que tout n'est pas clair dans leur esprit, ils ne sont pas apaisés. Cette recherche les conduit de nos jours encore à se créer des dieux, à se les imaginer, voire à les inventer. Les dieux mythologiques sont à l'image des représentations que les hommes se font de l'univers, du monde, des divinités et de leurs modes de vie.

Que l'humain ait naturellement adhéré aux dieux qu'il s'est inventés[42], est tout à fait logique. Ceux-ci sont les produits de son imagination et de sa pensée. Ils répondent à ses questions. Ils lui donnent une certaine satisfaction et une certaine assurance. N'ayant pas d'autres références, l'homme préhistorique avait fermement cru à ses découvertes et à ses inventions. De plus, ces dieux sont immanents. Il leur avait attribué certains rôles comme celui du dieu Aphrodite, la déesse de l'Amour et de la procréation, issue de Zeus et de Dioné ; celui de dieu Ilithyie, la déesse de l'enfantement, de l'union de Zeus et d'Héra ; celui de dieu Artémis, la déesse de la nature sauvage, de la chasse et des accouchements, du mariage de Zeus et Léto. La liste est longue pour les citer tous. C'est un sujet amplement étudié.[43]

Notons simplement que le caractère anthropomorphique de ces dieux saute aux yeux. Ils se marient. Ils ont de la progéniture. Ils ont chacun et chacune une tâche bien déterminée. Cela ne saurait étonner vu qu'ils émanent tous de l'imagination de l'homme, qui les fait exister pour servir sa cause. La relation que l'homme noue avec les dieux dans ce contexte, ne peut être ni plus ni moins qu'utilitaire. Il

---

[42] Le psychanalyste viennois Sigmund Freud et Ludwig Feuerbach, bien qu'ils aient visé le Dieu monothéiste, ne se sont-ils pas inspirés de dieux polythéistes qui, eux sont les produits de l'imagination humaine, en affirmant que Dieu est une invention humaine pour combler le vide laissé par la mort du père ? Au fond pour Freud, Dieu est la substitution du père biologique d'un adulte, qui accomplit son désir de protection. Voir Sigmund Freud, *L'avenir d'une illusion*, *Paris*, P.U.F, 1994

[43] Liste des divinités de la mythologie grecque, voir Wikipédia Https://fr.wikipedia.org › wiki › Liste_des_divinités, consulté le 30 octobre 2023. On peut aussi lire Fabien Clavel, Viviane Koenig, *Dieux et héros de la mythologie grecque*, Paris, Fleurus, (Collection « Hors collection documentaire »), 2018, 192 p.

recourt à eux en cas de besoin. Cette période mythique a fait place à une autre, où l'homme valorise plus ses facultés cognitives que l'imagination. C'est la période du règne de la raison philosophique.

II.2. Approche philosophique de Dieu

II.2.1. Antiquité grecque : les présocratiques

Rappelons que la philosophie est une démarche essentiellement rationnelle parce que son objet est abstrait, c'est-à-dire conçu par la raison. Elle procède de bout en bout par la raison. Elle se veut totalement systématique. Elle est donc abstractive même si - dans certaines aires culturelles et à certaines époques – elle s'est réclamée du pragmatisme. Dans sa démarche, elle aboutit quelquefois, au terme de son parcours, à l'idée de Dieu qu'elle conçoit comme Absolu, Premier moteur, Cause incausée. Les premiers philosophes antiques (Grecs), appelés communément présocratiques, étaient des physiocrates. Ils s'étaient préoccupés de la question de l'origine du monde, de l'explication de la nature et de ses phénomènes par la raison et non par l'imagination. Ils avaient ainsi été les précurseurs de la science de la nature. Mais la pensée proprement philosophique, c'est-à-dire systématique, a été l'œuvre de Socrate, Platon et Aristote.

II.2.2. Les socratiques

Avec ces derniers, la pensée systématique, tout en restant dominée par l'idéalisme, est marquée par le dualisme platonicien et le monisme aristotélicien.[44] Platon a érigé le monde des idées en monde réel, idéal et stable. Il est même, pour lui, un monde absolu auquel on accède par une ascension intellectuelle, en s'émancipant du monde sensible et de multiples changements. De son point de vue, ce monde – réel, idéal, stable et absolu – n'est que l'émanation du monde des idées. S'inscrivant dans le même dualisme, ses disciples, notamment Plotin[45], ont ramené le monde idéal à celui de l'Un, différent de l'Être, et le monde sensible à

---

[44] Le dualisme en philosophie désigne le courant d'idées représentant le monde en substances mentales et en substance matérielle, les deux étant séparées. Le monisme, par contre, conçoit l'univers comme l'unité de substances mentales et matérielles. Platon incarne l'idéalisme absolu.

[45] Pour Plotin, philosophe de la Grèce-romane, l'UN est le principe d'où émanent tous les êtres existants. Il revêt une dimension transcendantale. Il contient tous les principes de l'Être, à savoir l'absolu, le principe premier et la Cause première…. Aussi, est-il une puissance immense et incarne la notion du Bien. Voir https://fr.wikipedia.org › wiki › L'Un, consulté en novembre 2023.

celui du multiple, de la matière. Les penseurs chrétiens médiévaux assimileront plus tard l'Un à Dieu et le multiple au monde des humains[46].

Pour sa part, Aristote avait emboîté le pas aux présocratiques en faisant de l'univers non seulement le point de départ mais aussi l'objet même de sa démarche rationnelle. Sa cosmologie lui avait permis - et aussi aux autres - de découvrir l'ordre de l'univers et même de s'en inspirer pour poser les bases de la morale et du bonheur. C'est grâce à cet ordre universel du cosmos[47] que les philosophes de l'antiquité grecque avaient appréhendé le bonheur comme le souverain bien. Il était aussi perçu comme l'harmonie de l'homme avec l'ordre de la nature, avec soi-même et avec les autres.

Enfin, contrairement à Platon, son maître, Aristote avait considéré que le réel ne s'inscrivait pas dans le monde des idées mais existait en dehors et indépendamment d'elles. Partant de la nature, et observant par exemple les mouvements qui s'y accomplissaient, il était convaincu que rien n'était fait en vain et qu'il n'y avait pas d'effets sans cause. Il avait élaboré par conséquent sa théorie de quatre causes.[48] Il était remonté jusqu'au principe premier, au premier moteur qui meut tout sans être mû par une quelconque force, ni du dedans ni du dehors[49]. Imprégné du monde hellénique, Aristote était loin de penser au Dieu monothéiste.[50] C'est plutôt l'effort d'une pensée systématique qui parvient au bout

---

[46] Nous pensons, à titre d'exemple, au Pseudo-Denys l'Aréopagite (vers 490, en Syrie) et au Maître Eckhart (vers 1260-1327)

[47] Chez les grecs de l'antiquité, le mot cosmos désignait l'ordre et l'organisation de l'univers en opposition à la désorganisation et donc au chaos. Pythagore, le grand mathématicien et scientifique est arrivé même à la conclusion selon laquelle tout dans l'univers aussi bien que dans la vie humaine était soumis au nombre. Voir aussi Jean-Luc PÉRILLIÉ, *Symmetria et rationalité harmonique : origine pythagoricienne de la notion grecques de symétrie*, Paris, Harmattan, 2005, 282 p ; Brigitte van WYMEERSCH, « La philosophie pythagoricienne du nombre et la musique », dans *Revue belge de Musicologie / Belgisch Tijdschrift voor Muziekwetenschap*, Vol. 51 (1997), p. 5-16.

[48] *Cause efficiente* : Ce qui produit la chose, le principe, le mouvement ; *Cause matérielle* : la matière de la chose, en quoi elle est faite ; *Cause formelle* : l'essence de la chose, sa forme et comment elle est faite (à partir d'un modèle donc !) ; *Cause finale* : Finalité, but d'une chose. Pourquoi a-t-elle été réalisée ? La théorie des quatre causes est sans doute l'une des doctrines maîtresses de la philosophie d'Aristote. On la trouve dans ses textes fondamentaux comme *Physique*, II, 3 et 7 ; Métaphysique, A, 3-10 ; Métaphysique, B, 2, 996 a 17 - b 25, …

[49] Aristote, *La métaphysique*, livre VIII. Aristote définit la cause motrice comme : « le principe premier d'où part le changement ou la mise en repos ». Cette cause se fonde sur le postulat aristotélicien de ce que le mouvement, s'il existe, n'est pas chaotique : il obéit aux lois de l'univers, accessibles aux sens et donc connaissables.

[50] C'est plutôt Saint Thomas d'Aquin qui prend en compte cette démarche rationnelle de Dieu pour éclairer la compréhension que nous pouvons avoir du Dieu révélé.

de son parcours au principe premier, à la cause incausée et à l'absolu. Saint Thomas d'Aquin s'était inspiré de la théorie aristotélicienne de quatre causes pour élaborer ses preuves philosophiques de l'existence de Dieu.[51]

II.2.3. *L'époque moderne*

La modernité philosophique n'a pas non plus échappé à la règle. Nous nous appuierons sur René DESCARTES et Emmanuel KANT, parce qu'ils sont considérés comme les pères de cette aire philosophique de pensée. René DESCARTES a prouvé, par un processus rationnel, l'existence de Dieu à partir de l'idée de la perfection, qu'il s'est conçue. Pour lui, si l'homme – en dépit de ses limites, sa finitude – a pu concevoir dans son esprit une idée claire, nette, distincte des choses et a également envisagé *l'idée de l'infini et du parfait*, c'est que cette idée lui est venue d'un être infini. Aussi, conclut-il à l'existence de cet être infini et parfait.[52] De son point de vue, *l'idée de la perfection,* élaborée par l'esprit humain, établit la preuve de l'existence de Dieu. La perfection et l'existence reviennent au même.[53] L'argument qu'il a ainsi formulé dans ses *Méditations métaphysiques* s'appelle argument ontologique.[54]

Toute la question est de savoir si le fait de se faire une idée de quelque chose – en l'occurrence celle de la perfection de Dieu – implique nécessairement son existence. Ce n'est pas parce qu'on conçoit Dieu comme parfait qu'Il existe inévitablement dans la réalité. Ce serait conclure du concept, d'une idée à son existence. N'est-ce pas aller vite en besogne ou prendre du raccourci ? Nous comprenons pourquoi cette argumentation a été battue en brèche par d'autres penseurs tel qu'Emmanuel KANT.

En effet, pour Emmanuel KANT, l'être n'est pas un prédicat réel. L'existence est réelle même hors de son concept. Ce philosophe allemand pense que Dieu est inconnaissable par la raison humaine, notamment scientifique, puisqu'étant invisible, il n'appartient pas au domaine des phénomènes, appréhendables par des

---

[51] Voir *Opuscules de Saint Thomas d'Aquin*, Vol. 3, Londres, Forgotten Books, 636 p ; Thomas d'Aquin, *Les principes de la réalité naturelle*, Édité par Jean MADIRAN, Paris, Nouvelles éditions latines, (Collection Docteur commun, 1), 1994, 123 p (voir ici les p. 57-94).

[52] René DESCARTES, *Méditations métaphysiques* 3ème thèse, Paris, GF Flammarion, 2009

[53] *Idem.*

[54] L'argument ontologique est celui qui déduit l'existence d'une chose de son essence. La question qu'il soulève est celle de l'ancrage de l'idée dans le réel. Les idées que l'esprit humain est capable de concevoir, ont-elles une correspondance (réelle) dans la réalité ?

catégories spatio-temporelles. Dieu s'inscrit dans le monde nouménal, celui des choses en soi qui ne peuvent qu'être pensées mais pas connues, surtout pas par la raison scientifique. C'est tout le procès critique que KANT a intenté à la raison, théorique et pratique, pour délimiter son règne. Cette critique nous paraît importante pour défier la prétention de penseurs modernes, qui veulent tout résoudre par la raison, lui accordant ainsi le pouvoir dont elle ne dispose que partiellement. C'est dans la critique principalement de la raison pure qu'Emmanuel Kant déconstruit l'ambition démesurée de ses prédécesseurs de vouloir appréhender par la raison les domaines qui lui sont inaccessibles.

Peut-on tout savoir et connaître par la raison théorique ? Emmanuel KANT répond par la négative. Dans son argumentation, il montre que la connaissance passe par des expériences, qui sont à la portée de l'homme puisqu'elles sont inscrites dans le temps et dans l'espace. Or, Dieu, tout comme l'âme ainsi que l'origine du monde, se situent en dehors du temps et de l'espace. En sus, l'homme ne peut connaître que par l'activité de son esprit grâce aux structures de son entendement.[55] C'est dire que la connaissance n'est rien d'autre qu'une construction humaine. C'est l'homme qui la produit. C'est par son esprit qu'il relie les choses entre elles. Donc, de ce point de vue, l'homme, qui entreprend de connaître Dieu en ne comptant que sur ses facultés cognitives, bute à une impasse puisque Dieu échappe à son expérience sensible.

En revanche, si Dieu est inconnaissable par l'entendement, il n'est pas exclu qu'on ne puisse en faire une expérience par une autre voie. Cette expérience reste possible en s'inscrivant dans le registre de la raison pratique. Si on ne peut pas Le connaître par l'entendement, on peut au moins, par la raison pratique, l'espérer. On peut se permettre d'espérer qu'il existe. C'est, notamment, dans *La critique de la raison pratique*[56] qu'Emmanuel KANT pose les postulats de Dieu, de l'immortalité de l'âme et de la liberté. Le fil conducteur de ces thématiques est l'espérance. Que dois-je espérer après avoir respecté la loi morale ? La réponse

---

[55] Emmanuel KANT, *Critique de la raison pure*, 2ᵉᵐᵉ édit. Paris, Lagrange, 1864. Il fait la différence entre l'entendement et la raison. Philosophie magazine présente cette différence de la manière suivante : l'entendement est la raison qui préside à la science (Verstand en allemand). C'est la faculté des règles et des concepts qui permet d'ordonner les données sensibles en leur appliquant des catégories. En unifiant les divers, l'entendement rend les phénomènes scientifiquement connaissables. La raison (Vernunft) est la faculté des principes et des idées qui permet de spéculer sur ce qui n'est pas donné mais sans aboutir à des certitudes de nature scientifique. https://www.philomag.com ''lexique'', consulté le 25 octobre 2023

[56] Voir aussi Emmanuel KANT, *La religion dans les limites de la raison,* trad. Jacques TRULLARD, Paris, Librairie de Lagrange, 1841.

d'Emmanuel KANT est claire : *le Souverain bien* qu'il conçoit comme la synthèse de la vertu[57] et du bonheur.

Mais cette synthèse demeure problématique dans la mesure où la vertu s'accomplit pour le bonheur dans le monde sensible. D'où, son ambivalence. D'une part, KANT relève que la vertu peut avoir des visées déterminées par des intérêts particuliers. D'autre part, il constate que les hommes les moins vertueux sont souvent plus heureux que les vertueux. Tant qu'on restera dans le monde sensible, on n'atteindra pas le Souverain bien. Il faut donc envisager le monde nouménal pour effectuer la synthèse entre la vertu et le bonheur en se soumettant au devoir, qui, seul, donne d'accomplir une action par respect pour la loi.[58]

Emmanuel KANT constate également que l'homme, doté d'une volonté autonome, ne se conforme pas toujours et parfaitement à la loi morale. D'où la nécessité de postuler d'abord l'immortalité de l'âme, c'est-à-dire une *personnalité de l'être raisonnable indéfiniment persistant,* qui obligera l'homme à tendre, malgré la faiblesse de sa volonté, vers la perfection morale. Mais cela n'a pas suffi à Emmanuel KANT pour réaliser la synthèse de la vertu et du bonheur. Il s'est rendu compte que dans ce monde sensible et corrompu, les impies prospèrent et les vertueux chancellent. La question qui se pose alors est de savoir à quoi sert d'être vertueux ou de conformer sa volonté à la loi morale ? D'où la nécessité de postuler l'existence de Dieu qui récompense chacun selon ses actions morales, et ce faisant, rétablit le parfait accord entre la vertu et le bonheur.

Comme nous pouvons le constater, Emmanuel KANT est resté logique envers lui-même. Il accorde une base rationnelle à la morale dans laquelle il n'octroie aucun rôle à Dieu. Celui-ci ne détermine ni le bien, ni le mal. Emmanuel KANT ne prouve, ni ne démontre l'existence de Dieu mais il la postule[59] dans le but de garantir l'accord parfait entre la vertu et le bonheur. Au fond, la foi d'Emmanuel

---

[57] Emmanuel KANT, *Critique de la raison pratique*, trad. François PICAVET, Paris, Félix Alcan 1888. Du point de vue d'Emmanuel KANT, la vertu, c'est la force morale de la volonté à accomplir le devoir. Voir

https://fr.wikipedia.org › wiki › Philosophie_pratique,, consulté en novembre 2023

[58] https://fr.wikipedia.org › wiki › Philosophie_pratique, consulté en novembre 2023

[59] Postulat : proposition qui n'est pas évidente par elle-même, mais qu'on est conduit à recevoir parce qu'on ne voit pas d'autre *principe* auquel on puisse rattacher soit une vérité qu'on ne saurait mettre en doute, soit une opération ou un acte dont la légitimité n'est pas contestée`` Cnrtl https://www.cnrtl.fr › definition › postulat

KANT à ce Dieu n'est ni plus, ni moins une croyance rationnelle.[60] Ce n'est qu'un postulat qui n'est nullement en lien avec l'adhésion au Dieu de la révélation.

Tant pour les dieux mythologiques, et donc le polythéisme, que pour l'idée de dieu des philosophes, il s'agit là d'un effort de l'homme pour s'assurer de sa sécurité face aux énigmes de l'univers (mythologie) et de la joie ressentie dans une démarche rationnelle menée jusqu'au bout (approche philosophique). L'idée de dieu philosophique est l'aboutissement d'une pensée qui parvient à son terme. Même si cette idée est transcendante puisqu'elle procède totalement de la raison, elle demeure le fruit de la pensée humaine. Elle est loin d'atteindre le Dieu révélé auquel on ne parvient que par la foi. Cette idée philosophique de dieu a constitué pour certains une preuve rationnelle de son existence.

Cependant, ces preuves dites rationnelles ont fait l'objet de profondes critiques puisque beaucoup, parmi elles, ont été rationnellement déconstruites. Emmanuel KANT, comme Blaise PASCAL, fait partie de ceux dont l'approche métaphysique s'est écartée de la dogmatique des philosophes idéalistes. Ils ont, tous les deux, montré que Dieu ne fait pas l'objet de démonstration, ni de preuves rationnelles puisqu'Il ne s'inscrit pas dans les limites spatio-temporelles. On ne peut en faire une vraie expérience qu'en se situant dans la perspective de la foi. Blaise Pascal en est même arrivé à proposer un pari[61] aux incroyants pour les convaincre de croire.

Pourtant, pendant que certains philosophes ont entrepris de prouver par la raison l'existence de Dieu, d'autres se sont résolus à montrer par la même voie son inexistence. Sébastien FAURE a donné douze preuves rationnelles de l'inexistence de Dieu. Parmi elles, la preuve de l'imperfection de Dieu nous a le plus impressionné. Elle consiste à prouver l'imperfection de Dieu en partant du postulat que le parfait ne peut que produire du parfait et non de l'imparfait. Or, il constate que l'homme, la créature de Dieu, se révèle imparfait. D'où la question suivante : comment expliquer rationnellement que Dieu, appréhendé comme

---

[60] C'est cette perspective qu'il propose dans *La Religion dans les limites de la raison* [Die Religion innerhalb der Grenzen der bloßen Vernunft] de 1793.

[61] Le pari de Blaise PASCAL, philosophe, mathématicien et physicien français du XVIIIe siècle. IL s'est efforcé en argumentant qu'il y a un intérêt aussi bien pour les croyants que pour les incroyants de croire, car s'il se fait que Dieu existe, ils gagneront le paradis. S'il s'avère réellement qu'Il n'existe pas, ils ne vont pas non plus rien perdre. Voir Jean Laporte, *Le cœur et la raison chez Pascal*, Paris, Elzévir, 1950.

l'Être le plus parfait qui puisse exister, ait pu créer un être imparfait ? Donc, si sa créature est imparfaite, c'est que le créateur l'est aussi.[62]

Cette contradiction - prouver par la raison une chose et son contraire en l'occurrence l'existence et la non-existence de Dieu - résulte de la nature dialectique de la raison, qui peut s'orienter dans divers sens opposés, selon les points de vue dans lesquels on l'utilise. Elle peut aboutir à une bonne synthèse comme elle peut se heurter à une impasse. C'est le cas ici, lorsqu'on veut, par la raison, prouver l'existence de Dieu. Le moins que nous puissions dire, c'est que la raison philosophique est susceptible d'éclairer l'esprit de tout croyant désirant approfondir sa foi. Il en va de même de l'athée cherchant à asseoir ses convictions. Ainsi, les philosophes qui ont tenté d'approcher les réalités surnaturelles par la raison, comme celle de Dieu, n'ont abouti, au terme de leur démarche, qu'à prouver ou, mieux, à justifier ses attributs et à s'en faire une idée.

Cette idée, comme nous l'avons déjà précisée ci-dessus, ne correspond pas exactement à la nature de Dieu de la révélation. L'idée de dieu absolu, puissant, parfait, infini, insensible, cause incausée, fruit de la raison philosophique, donc humaine, ne s'accorde pas totalement au Dieu de la Bible. Car celui-ci se montre amour, tendre, lent à la colère, compatissant, en relation permanente avec les humains. L'Absolu ne se marie pas avec le sensible, ni le Tout Puissant avec le fragile. Faut-il alors concilier les deux catégories d'attribut pour se faire une idée exacte de Dieu ?

Nous pensons, pour notre part, qu'il faut effectuer un saut vers la foi pour saisir le lien entre la puissance absolue de Dieu, sa perfection, son infinité (attributs philosophiques) et son amour, sa tendresse, sa miséricorde (nature du Dieu de la révélation). Si l'on comprend Dieu, tel qu'Il s'est révélé dans les écritures saintes, on aura alors saisi que ses attributs coïncident avec sa nature. Il n'est pas qu'amour, tendre, compatissant, juste, vrai, puisque les humains le sont aussi. Il est, Lui, l'Amour, la Tendresse, la Compassion. Aussi, s'Il est amour ou tendre, Il ne peut l'être que de manière absolue, parfaite et infinie, contrairement à l'humain. Ce dernier est aussi amour, juste, tendre mais de manière limitée. Si, pour le Dieu biblique, la voie rationnelle ne débouche pas sur une évidence, le serait-elle par la voie de la foi ? La foi, elle-même, est-elle évidente pour les croyants ?

---

[62] Voir wikisource.org/wiki/Douze_Preuves_de_l'inexistence_de_Dieu, consulté le 26 octobre 2023

II.3. La foi est-elle évidente pour les croyants ?

Comme nous l'avions défini ci-haut, l'évidence désigne le caractère de ce qui s'impose à l'esprit humain tant immédiatement (par la vue) que médiatement (par le raisonnement). Or, la foi ne porte que sur le Dieu invisible. Son objet ne s'impose pas directement à l'esprit de l'homme. Pour être connu par l'humain, le Dieu de la foi est censé se dévoiler - faire tomber le masque qui le cachait -. Faudrait-il encore que l'humain accueille et accepte cette révélation pour que le contact avec l'invisible soit possible. À la question de savoir si la foi est évidente, nous pouvons affirmer sans ambages et détour qu'elle ne l'est pas. La foi ne peut pas être _naturellement_ évidente. Le contenu de la foi ne peut être saisi ou, mieux, compris prioritairement que par la voie de la foi.[63]

La foi appelle donc la foi. Nous l'avions dit précédemment. Dans le domaine de la foi, c'est Dieu qui prend l'initiative et n'attend que l'assentiment de l'humain. Dans ce sens, on peut conclure que la foi contraint l'humain à renoncer partiellement si pas totalement à son désir d'autonomie - désir de ne vouloir tout penser, saisir, connaître que par soi-même, par sa propre raison - pour s'ouvrir à un Être hors de lui. Enfin, même quand Dieu se dévoile à l'homme, cela ne signifie pas qu'il Le perçoit directement comme Il se révèle et qu'il saisit clairement, comme par intuition, son message. La foi demeure un cheminement. Les apôtres en ont fait une lente et longue expérience. Malgré l'enseignement de Jésus ainsi que ses faits et gestes, dont ils étaient les premiers bénéficiaires et témoins oculaires, la conviction sur la filiation divine de Jésus ne s'est renforcée en eux qu'après sa mort et sa résurrection. Il a fallu que le Ressuscité leur apparaisse, leur donne des signes, que l'Esprit Saint descende sur eux pour que tout cela devienne pour eux clair, pour ne pas dire évident.[64]

Dans la foi, l'évidence – toujours hypothétique – n'intervient qu'après l'acte posé par Dieu sur les humains et la suite que ceux-ci lui réservent. La preuve, c'est

---

[63] Cela n'exclut pas le recours à la raison humaine dont l'apport est précieusement apprécié par les théologiens surtout pour des concepts et des méthodes d'approche.

[64] Il suffit pour s'en convaincre, de suivre l'itinéraire de foi de l'apôtre Pierre qui deviendra après la résurrection, le premier pape du christianisme. L'épisode de la marche de Jésus sur les eaux en constitue bien la preuve. Alors qu'à son initiative de rejoindre Jésus sur la mer après être rassuré de sa personne, au milieu du chemin, menacé par les vents, Pierre a eu peur et a commencé à s'enfoncer. Comme l'apôtre Thomas, il a écopé d'une bonne remarque : _Pourquoi as-tu douté, homme de peu de foi._ (Mt 14, 25-31). De même, l'épisode de la rencontre avec les disciples d'Emmaüs. Il nous met en présence du passage du doute à l'évidence après que Jésus s'était lui-même montré à eux, à table, à la fraction de pain. Voir Luc 24, 18-35.

qu'après la résurrection de Jésus, les apôtres – y compris Thomas[65] – n'ont plus eu aucun doute sur la filiation divine et la messianité du Crucifié-Ressuscité.[66] Bien au contraire, ils se sont mis à l'œuvre au point de mettre en branle un nouveau mouvement, devenu aujourd'hui une religion à caractère universel, le christianisme. Celui-ci repose essentiellement sur la foi et les enseignements transmis par les apôtres de Jésus. Si pour les apôtres, cela a été, on ne peut plus évident au point de s'investir totalement, voire radicalement dans la mission leur confiée par le Ressuscité, est-ce le cas pour tous ceux et celles qui se réclament de la foi chrétienne aujourd'hui ?

II.3.1. Les croyants.

Si le pourcentage des croyants demeure encore élevé dans le monde, dans certaines aires culturelles comme en Europe occidentale, la foi connaît une chute vertigineuse de vitesse. Cela s'explique notamment par le fait que le vieux continent s'est toujours fait remarquer par le foisonnement de la pensée, des idées tant philosophiques que scientifiques et théologiques. Ces idées contribuent à l'évolution de la société et participent à la maturation de la population. Le progrès de la technoscience y a beaucoup contribué. Cependant, la nouveauté est que beaucoup de croyants se désintéressent de la foi et y renoncent même, non à cause de la science et de la philosophie mais à cause de ses propres incohérences et de ses exigences. (de la foi). Les raisons de cet abandon sont multiples.

Il y a d'abord le mystère caché de Dieu. L'homme d'aujourd'hui, comme celui d'hier, s'est toujours montré friand de connaissances. Il veut, par sa raison, tout savoir, tout comprendre, même le phénomène divin. Il oublie cependant que la révélation de Dieu requiert d'abord d'être reçue, accueillie - la foi - avant d'être comprise. La foi doit toujours précéder la raison pour mieux saisir les phénomènes divins. La raison seule ne suffit pas. Nous en avons eu la preuve avec la démarche philosophique décrite plus haut. Or, s'il faut d'abord avoir la foi pour appréhender Dieu et comprendre ensuite son message par la raison, on conclurait que ceux qui n'ont pas fait au préalable l'expérience de la foi, ne Le connaîtront pas, même s'Il se révélait à eux.

---

[65] Je le mets en exergue puisqu'il est le seul à avoir exigé des preuves de la résurrection de Jésus. Mais la présence du Ressuscité a rendu caduque cette exigence pour la faire basculer à la profession foi.

[66] C'est parce que Jésus se déclarait ou se présentait comme fils de Dieu, ce qui constituait un blasphème chez les juifs, qu'ils l'ont crucifié sur la croix.

Il y a ensuite l'impasse de la méthode expérimentale. En effet, tous ceux qui adoptent la méthode scientifique consistant à expérimenter, vérifier avant d'émettre la loi, se heurteront également à une impasse. L'objet de la foi ne se prête pas à l'expérimentation scientifique puisqu'il n'est pas de l'ordre des faits sur lesquels on pratique l'expérience pour prouver, déterminer les lois qui les expliquent. Il ne résulte pas non plus de la raison comme pour la philosophie qui est une discipline radicalement abstraite. La foi et son objet sont de l'ordre de l'invisible et donc du mystère. Aussi ne sont-ils pas naturellement évidents.

Enfin, le contenu de la foi n'est pas toujours audible par l'unique voie de la raison humaine. Nous y reviendrons dans le prochain chapitre. Prenons, à titre d'exemple, trois éléments de la foi, à savoir : le mystère de l'incarnation, le mystère de la rédemption et le dogme de l'assomption de la vierge Marie. Primo, le mystère de l'incarnation. Même si aujourd'hui, les méthodes artificielles pour la procréation assistée ne prévoient pas la voie naturelle mais plutôt la méthode de l'insémination artificielle, de la fécondation in vitro, la conception de Jésus s'en est passée outre pour se réaliser sous la couverture de l'Esprit Saint. Cela dépasse tout entendement et toutes les voies rationnelles. On ne peut mieux comprendre cette naissance qu'à la lumière de la foi. Une fois de plus, le désir de l'humain de vouloir tout saisir par la raison est défié.

De plus, la foi en Jésus, non seulement comme vrai Dieu mais aussi comme vrai homme, dépasse l'intelligence de l'humain. L'on comprend qu'elle ait ouvert la voie à diverses déviations et ait également exposé le *Dieu fait homme* à la fourberie, la perversité et la méchanceté des humains. Celui qui ne s'ouvre pas à la foi, peut-il concevoir un Dieu, fût-ce celui de la révélation, soumis aux aléas de la contingence ? [67] Enfin, la radicalité de sa prédication a exigé une remise en question tellement fondamentale de la pratique religieuse de son époque que le *Dieu fait homme* s'est vu crucifié. Comment faire agréer à la raison humaine que le Dieu tout puissant soit mortel ?

L'on conçoit dès lors la colère des Grecs, rationalistes à outrance lors du passage de saint Paul à Athènes, devant l'autel dédié au dieu inconnu, quand il leur a annoncé le mystère d'un Dieu fait homme et crucifié. (Ac 17, 21-34). On

---

[67] Michel Onfray a écrit un livre dans lequel il affirme l'inexistence de Jésus historique. Pour lui, le Nouveau Testament n'est que l'accomplissement des écrits de l'Ancien Testament et que Jésus tout comme Dieu, n'était que le fruit de l'imagination de l'homme qui l'a finalement créé à son image. Si Michel Onfray ne croit pas déjà à l'existence de Jésus historique, comment pourrait-il adhérer à celle d'un être invisible ? *Théorie de Jésus. Biographie d'une idée*, Paris, Bouquins, 2023

s'aperçoit également de la déception et du revirement de l'apôtre Paul, qui, après un tel échec, a résolu d'utiliser le langage de la croix (foi) dans le domaine qui concerne la foi plutôt que de l'associer à celui de la raison, une matière qui la dépasse (1 cor 1,18). Croyez-vous que le mystère de l'incarnation et celui de la rédemption soient compréhensibles rien que par la lumière de la raison ? Non, parce qu'ils regorgent d'incohérences inadmissibles de son point de vue. L'Absolu est le contraire du relatif. Donc si Dieu est envisagé comme Absolu, Il ne peut pas revêtir la chair humaine, ni connaître la mort.

Raison pour laquelle le langage théologique parle toujours de l'incarnation et de la rédemption en termes de mystère que nous expliciterons plus loin. C'est dire que, du point de vue humain, donc celui de la raison, le voile n'est pas complètement levé en ce qui concerne le contenu de la foi. Pouvons-nous affirmer avec certitude que les croyants comprennent clairement tout, au point de lever le moindre ombre de doute dans leur esprit ?

Secundo, le mystère de la rédemption constitue un des domaines qui laissent planer le doute, même chez les croyants les plus convaincus. Penchons-nous particulièrement sur la résurrection. Tous les monothéistes, notamment chrétiens, professent leur croyance en la résurrection des morts. Mais en sont-ils certains, en savent-ils davantage ? Rien n'est moins sûr et cela pour plusieurs raisons. Comme nous l'avons souligné à propos du doute, la première raison est que la résurrection intervient toujours après la mort. Or, celle-ci est entourée de mystères puisqu'elle suscite tant de questions sans réponse : quand, comment, où, pourquoi et après. Les réponses sont laissées à la discrétion de Dieu. Il en est de même de la résurrection. Les vivants, aussi croyants soient-ils, ne peuvent le savoir qu'après leur mort. Ils ne sont donc sûrs de rien avant leur mort puisque la décision d'être ressuscité ou pas ne revient qu'à Dieu. Jésus n'a-t-il pas dit à Marthe, à la mort de son frère Lazare, qu'il est la résurrection et la vie, que celui qui croit en lui, vivra même s'il meurt ? (Jn. 11, 21-27). De plus, ce n'est pas parce qu'on a été un fervent fidèle que l'on peut prétendre bénéficier de la résurrection. Il faut encore écouter et pratiquer la parole de Dieu. Ce n'est pas ceux qui invoquent régulièrement le nom du Seigneur qui entreront au paradis mais ceux qui font sa volonté. Enfin, dans l'épisode du jugement dernier de l'évangéliste Matthieu (25, 31-46), c'est plutôt l'amour et, non seulement la foi, qui est établi comme critère de la résurrection. Quel croyant peut-il se targuer d'avoir, ici-bas, aimé les autres comme Dieu l'a recommandé ou d'avoir assumé, même partiellement, sa volonté ? S'ils ne le peuvent pas, Dieu au moins le sait.

La deuxième raison est que, pour la résurrection, les croyants utilisent les verbes croire et espérer. Si c'était évident, ils auraient employé le verbe savoir. Quand on sait, c'est qu'on est conscient de connaître, de maîtriser l'objet connu. Que sait-on exactement de la résurrection, donc de la vie auprès de Dieu après la mort ? Jésus n'a pas été prolixe sur ce point. C'est parce qu'on n'en sait pas trop qu'on croit et espère. Sur ce sujet, l'unique attitude recommandable aux chrétiens serait de s'abandonner à Dieu qui, seul, est susceptible de garantir leur certitude. En cette matière, mieux vaudrait ne pas vouloir savoir. Cette certitude se justifie par la foi qui est une confiance absolue à Dieu à qui on s'adonne. S'ils ne le savent pas, Lui le sait. Cela leur suffit. Nous ne le dirons jamais assez, à certains moments de leur séjour sur terre, surtout en matière de foi, les croyants sont presqu'obligés spirituellement de renoncer à la raison pour se livrer à Dieu parce qu'ils se trouvent devant un mystère. C'est l'attitude qu'avait adoptée Marie, la mère de Jésus à l'annonciation. Elle gardait tout cela dans son cœur, affirme saint Luc, l'Évangéliste (voir Lc. 2, 19, 51).

Un tel abandon et une telle confiance en Dieu sont-ils évidents chez et pour les croyants ? La question reste ouverte. Prenons, à titre d'exemple, le moment fatidique de la mort de soi-même ou des proches. Cet instant fatal provoque chez tout humain beaucoup d'angoisse et d'anxiété. Même si on s'y attendait, sans être surpris, la nouvelle de leur mort plonge toujours dans le désarroi, la peine et la tristesse. C'est une réaction humaine que l'on peut parfaitement comprendre. Humainement, il est douloureux de digérer une séparation puisqu'elle provoque une intense souffrance intérieure. Mais, si les croyants se référaient à la foi en toute circonstance, notamment à celle de la mort d'un proche, nous pensons que le choc ressenti serait également amorti. La parole du Ressuscité ne dit-elle pas que la mort est un passage de ce monde à celui de Dieu, où on vit dans la félicité éternelle ?[68] L'espérance en la résurrection ne devrait-elle pas agir du coup pour adoucir la tristesse ? La foi en la résurrection ne convainc-t-elle pas ou, mieux, n'est-elle pas suffisante pour arrêter de se miner par l'affliction ?

Nous observons cependant que les premières réactions - spontanées - à l'annonce de la mort d'un proche, sont plus motivées par l'affect que par la foi. Il faut que le temps intervienne pour qu'on se ressaisisse et qu'on fasse un saut vers la foi. Tant que le croyant ne se dépasse pas pour aller au-delà de soi, donc de l'humain,

---

[68] 2 Corinthiens, 5, 1 : « Nous le savons, en effet, même si notre corps, cette tente qui est notre demeure sur la terre, est détruit, nous avons un édifice construit par Dieu, une demeure éternelle dans les cieux qui n'est pas l'œuvre des hommes. »

ce que requiert la foi, ce sont les états psychologiques qui prendront le dessus sur elle.

Il en est de même pour des options que les croyants lèvent quand ils prennent des décisions importantes, quand ils fixent des orientations fondamentales ou quand ils font des choix profonds devant guider leur vie. Pouvons-nous, sans préjuger, affirmer avec assurance qu'ils se laissent spontanément éclairés d'abord par la lumière de la foi, qu'ils recourent d'emblée à l'aide et au discernement de l'Esprit Saint avant d'agir ? Rien n'est moins évident. Dans la plupart des cas, et de manière générale, dans les domaines essentiels de leur vie, aussi croyants soient-ils, la spontanéité et la raison humaines prédominent et prennent le dessus sur la foi.[69]

Comme on le constate, le saut vers la foi n'est pas évident même pour les croyants. Il s'effectue souvent après coup et non du coup. Les croyants agissent généralement en humain et non en personne imprégnée du divin. Si c'est le cas, puisqu'ils sont plus nombreux que les athées, l'humanité serait déjà transformée de l'intérieur. Voilà qui explique le fait que la foi est un cheminement. Elle prend du temps. C'est aussi ce qui justifie la patience de Dieu devant les infidélités de ses créatures. Il est, ainsi que le dit le psaume 103, 8, *miséricordieux et compatissant, lent à la colère et plein de bonté.*[70]

Tertio, outre la résurrection, les *dogmes*, comme vérité de foi, posent également problème aux chrétiens. Ces derniers sont contraints à les admettre même s'ils ne les comprennent, ni ne les digèrent. Prenons à titre d'exemple les dogmes relatifs à Marie, la mère de Jésus.[71] Focalisons-nous sur celui de l'Assomption qui implique sa maternité et sa mort. Ce dogme stipule qu'à sa mort, envisagée comme un paisible et profond sommeil appelé la dormition, Marie est montée au ciel avec son corps sans connaître la corruption. Cela s'explique par deux raisons : d'abord, Marie est née sans atteinte de la faute originelle. Ensuite, son corps a porté et nourri Jésus, le Fils de Dieu. Ainsi, parce qu'elle était destinée, depuis les origines,

---

[69] Nous devons nuancer notre position. En Afrique centrale en général, et à Kinshasa en particulier, où la croyance en Dieu est quasiment devenue un fait culturel, le nom de Dieu est constamment invoqué. On recourt sans cesse à LUI pour tout. La prière précède toutes les activités. Le tout, c'est de savoir si une foi vécue de façon culturelle comme un fait de masse, où aucune remise en question n'est possible, aucune intériorisation n'est envisagée, est authentique. Ne dégénère-t-elle pas au fidéisme, à la crédulité?

[70] La traduction de la Bible TOB : « Le Seigneur est miséricordieux et bienveillant, lent à la colère et plein de fidélité. »

[71] Dogme de la maternité divine de Marie, de la Virginité perpétuelle de Marie, de l'Immaculée conception et de l'Assomption

à devenir la Mère du Fils de *Dieu fait homme*, Marie a échappé totalement à cette tare qui condamne les autres humains à la mort et à la corruption. Humainement, donc rationnellement, cela ne peut se comprendre. C'est même indigeste, à moins que Marie, tout en étant humaine, ait revêtu un corps spirituel. Mais, si elle était vraiment un être de chair, donc mortelle, son corps serait, comme pour tous les autres corps, soumis à la corruption. Dès lors, comment affirmer que de son sommeil de mort, elle avait rejoint le père céleste avec son corps mortel ?

Cela ne tient pas rationnellement mais seulement du point de vue de la foi où l'impossible humain se transforme au possible divin. Une fois de plus, la raison humaine est défiée par la foi qui représente les réalités divines. Celui qui s'accroche à son intelligence pour aborder les réalités divines aboutit toujours à l'impasse. Nous pouvons passer tous les dogmes en revue, nous arriverons à la même conclusion. Raison pour laquelle on qualifie ces dogmes d'articles de foi qui invitent à les accueillir comme tels. Nous ne le dirons jamais assez, la foi est une confiance totale en Dieu. Elle implique l'attitude et l'adhésion totale à Lui. C'est alors que les croyants peuvent saisir la prière de Jésus qui, louant son Père, Le bénissait d'avoir caché ses mystères aux sages et aux savants pour les révéler aux petits (Lc. 10, 21-24).

Toute la question est de savoir si tous les chrétiens se résolvent à l'abandon à Dieu. Au sujet de la mort d'un proche, il y en a, parmi les chrétiens, qui se révoltent contre LUI. Il n'est pas rare de constater que certains arrêtent même la pratique de la religion. D'autres appréhendent la foi comme une épreuve qui leur fait admettre l'inacceptable. Nous avons déjà souligné que la foi dénote l'attitude d'abandon à Dieu, qui aide à comprendre ce que l'humain ne peut saisir par lui-même. Un tel abandon est appréhendé par certains comme un signe de lâcheté mais, pour les croyants convaincus, il est une force, une voie de sagesse et de confiance en Dieu.

Deux voies se présentent aux chrétiens quand leur intelligence ne leur permet pas de comprendre les réalités divines : soit ils se confient à Dieu qui comprend mieux ses propres réalités qu'eux et sollicitent son éclairage pour qu'ils les saisissent, soit ils renoncent à la foi. La vérité est que le mystère divin requiert d'abord la foi, c'est-à-dire l'accueil, l'ouverture à Dieu avant d'être saisi au travers de la raison humaine. La foi constitue le point de départ de toute démarche d'approche de Dieu.

Entendons-nous bien. Notre démarche ne consiste pas à séparer la foi et la raison. Il est d'ailleurs prouvé que les deux sont complémentaires.[72] Mais, comme nous l'avons clairement souligné précédemment, c'est par des voies surnaturelles qu'on aborde les réalités surnaturelles. La foi constitue cette voie. Pour cette raison également, elle n'est pas évidente, vu qu'elle exige de l'humain le dépassement de soi pour se hisser au niveau du divin. Cependant, ce n'est pas en comptant sur ses propres compétences que l'humain y parvient. Il doit encore et toujours recourir à la foi, donc à la grâce de Dieu, pour palper, un tant soit peu, les réalités divines. La voie rationnelle, quant à elle, ne conduit pas l'humain au surnaturel mais dans le monde des idées, monde transcendantal, ouvrant des brèches aux idées de la transcendance mais pas au Transcendant de la révélation.

Une fois que le néophyte s'ouvre à la Parole de Dieu, L'accueille avec joie, il peut associer à la lumière de la foi l'éclairage de la raison pour comprendre, approfondir le message qu'Elle véhicule. Le contenu de la foi n'est pas si évident, comme nous l'avons précisé ci-dessus, pour être saisi spontanément dès la première lecture. Il requiert d'être interprété pour mieux l'intégrer et l'assumer.[73] C'est ainsi que les chrétiens font recours à la raison pour éclairer leur foi. Si pour ceux qui adhèrent aux messages révélés, les remises en question de leur croyance taraudent leur esprit, combien plus ne le sera-t-il pas pour les incroyants, qui, dès le départ, refusent d'admettre l'existence de Dieu ?

---

[72] Il convient de le dire. La raison et la foi ne sont pas à inscrire dans une relation antagoniste. Elles sont plutôt complémentaires. La relation entre les deux réalités peut se décrire selon un double mouvement. Celui d'une part, de la raison allant jusqu'à l'affirmation de Dieu (selon la perspective de la pensée humaine) et d'autre part, celui de la foi ou de l'affirmation que Dieu fait de lui-même. Pour les chrétiens, c'est un double mouvement de rencontre et d'échange de l'homme à Dieu et de Dieu à l'homme. Il trouve son principe et son fondement dans le mystère du Christ que proclame l'Église, ici catholique. Voir, par exemple, sur cette question les analyses de Pierre PIRET, « La foi et la raison : leur relation », dans *Nouvelle revue théologique*, t. 135, n°3 (2013), p. 387-396 ; William JAMES, La raison et la foi (1905), dans Archives de Philosophie, t. 69, n° 3 (2006), p. 369-374. Important aussi de lire Jean-Paul II, Lettre Encyclique *Fides et Ratio,* Rome, *le 14 septembre 1998* « La foi et la raison sont comme les deux ailes qui permettent à l'esprit humain de s'élever vers la contemplation de la vérité. C'est Dieu qui a mis au cœur de l'homme le désir de connaître la vérité et, au terme, de Le connaître lui-même afin que, Le connaissant et L'aimant, il puisse atteindre la pleine vérité sur lui-même. »

[73] L'interprétation soulève elle-même de sérieux problèmes au niveau de la foi. Jésus ne s'était pas fait comprendre par son peuple en utilisant un langage métaphorique comme: Moi, je suis le pain vivant, qui est descendu du ciel : si quelqu'un mange de ce pain, il vivra éternellement. Le pain que je donnerai, c'est ma chair, donnée pour la vie du monde. » Les Juifs se querellent entre eux : « Comment celui-là peut-il nous donner sa chair à manger ? » Jean 6,51-52. Auprès de ses contemporains, Jésus a rencontré jusqu'à sa mort l'incrédulité qu'il n'a pas pu surmonter.

II.3.2. *Les non-croyants.*

Dans un livre publié en 2015 avec Cyrille SUSS sur *l'Atlas des religions et enjeux géopolitiques*, Frank TÉTART a estimé qu'il y a 84% de la population mondiale qui se déclarent croyants et 16 % seulement se disent athées.[74] Parmi les 84 %, 32% sont d'obédience chrétienne, 23% sont musulmans. Pour lui, les monothéistes du judaïsme représentent une proportion moindre. Après l'Islam, ce sont les hindouistes et les bouddhistes,[75] qui regorgent un nombre important d'adhérents. À côté des croyants, il y a des incroyants dont la proportion, par rapport aux croyants, est insignifiante. Ils ne représentent que 16% à 20 %. Qu'à cela ne tienne ! La réalité est que, depuis l'avènement des sciences tant de la nature au XVIIème siècle que de l'esprit au XIXème siècle ; depuis le passage de la philosophie médiévale à la philosophie moderne, notamment avec René DESCARTES au XVIème siècle et Emmanuel KANT au XVIIIème siècle, le terme et le concept d'athéisme ont fait leur apparition.[76] Il y a eu certainement des athées à toutes les périodes, pas seulement à l'égard de Dieu monothéiste mais aussi à l'égard des dieux du polythéisme.[77]

Si la foi aussi bien que son objet étaient évidents, comment expliquer le fait de l'athéisme ? Le mystère qui entoure Dieu et sa présence invisible, n'y contribue-t-il pas beaucoup ? Ce mystère se manifeste, notamment, par le silence du Dieu invisible surtout devant les épreuves insurmontables, les calamités naturelles, la misère sous toutes ses formes et les épidémies qui déciment des populations entières. Les victimes, toutes convictions confondues, s'attendent, souvent dans pareils cas, à tort ou à raison, à une intervention de Dieu considéré comme le sauveur tout puissant, la bonté et l'amour par excellence. Or, devant les épreuves

---

[74] Franck TÉTART, Cyrille SUSS, *Atlas des religions : passions identitaires et enjeux géopolitiques*, Atlas-religions, Paris, Autrement 2023.

[75] L'hindouisme et le bouddhisme sont des croyances mais pas monothéistes. Ils n'entrent donc pas dans la catégorie de religions qui nous concernent.

[76] Cela ne signifie pas qu'il n'y a eu des athées qu'à l'époque moderne. Déjà, à l'Antiquité grecque, Protagoras, Diagoras de Mélos et Théodore de Cyrène doutaient de la conviction de l'existence des dieux (Voir Cicéron, *De la nature des dieux*, I, i, 2 et XXIII, 63). Il en a également existé à l'époque médiévale où ils étaient qualifiés d'impus, d'apostats, d'hérétiques, de blasphémateurs et de mécréants, donc susceptibles de subir des peines graves, d'excommunication, par exemple, ou des lourdes condamnations pouvant aller jusqu'à la peine capitale. C'est à cela, notamment, qu'a servi l'inquisition. Mais, depuis l'époque moderne jusqu'à nos jours, avec la résurgence des sciences de la nature comme celle de l'homme, de la conscience et de la liberté, il n'y a plus eu de raison de cacher ses penchants vers l'athéisme. Nous prenons l'athéisme dans son sens large, c'est-à-dire le refus, voire l'absence de toute croyance aux divinités comme à Dieu.

[77] *Idem.* https://fr.wikipedia.org › wiki › Athéisme, consulté le 24 nov. 2023

de diverses natures, où les victimes s'attendent à son intervention, l'Être supérieur, le Créateur de l'univers brille par une indescriptible indifférence, donnant ainsi l'impression d'abandonner son peuple à son triste sort. D'où, la question demeurée généralement sans réponse que d'aucuns se posent et qui, par conséquent, renforce en eux la conviction de son inexistence : comment élucider, justifier d'abord cette misère ainsi que le mal et enfin l'apathie de Dieu, s'il existait vraiment ?[78]

La position des athées a été également renforcée par l'avènement des sciences tant naturelles qu'humaines, notamment la philosophie moderne et contemporaine. Une frange de philosophes de ces époques s'est attelée à la déconstruction de la métaphysique.[79] Elle en critiquait, en effet, la haute considération qu'elle accordait à la conscience, en démasquant les illusions et les fausses croyances, qui en résultaient. Au sujet de Dieu comme de la foi et de la religion, il y en a, à l'instar de Baruch SPINOZA et d'autres, qui ne sont pas athées à proprement parler. Leurs positions, cependant, ont frisé l'incroyance et ont battu en brèche l'approche monothéiste d'un Dieu, hors du temps et de l'espace, donc au-delà de l'univers. Ils ont privilégié l'approche d'un dieu-substance, en tant que principe générateur, se confondant à sa créature, envisagée comme principe généré. Un tel dieu n'attend rien des humains.

Baruch Spinoza considère que le Dieu monothéiste n'est qu'une projection des propriétés humaines. La preuve, c'est qu'on Le présente comme tendre, amour, compatissant mais au superlatif. Et pourtant, estime-t-il, si Dieu était un Être parfait, Il ne pourrait pas disposer de caractères des êtres finis, comme le désir. Celui-ci, étant l'expression d'un manque, signifierait que Dieu aurait de manque qu'Il a comblé en créant l'univers. Comment concevoir un être parfait avec des manques ? Aussi, Baruch Spinoza a-t-il réfuté l'idée d'un Dieu créateur avec un projet bien déterminé. Pour lui, un Dieu qui se traduit par les lois éternelles et l'ordre universel de la nature ne pourrait pas être transcendant, c'est-à-dire extérieur et antérieur au monde.[80]

---

[78] Cette thématique a fait l'objet d'une abondante réflexion tant chez les philosophes que les théologiens. On peut se référer à titre d'exemple à: Bertrand VERGELY, *Le silence de Dieu face aux malheurs du monde*, Paris, Presses de la Renaissance, 2006, 288p

[79] Nous pensons, à titre d'exemple, à Emmanuel KANT, Baruch SPINOZA, Auguste COMTE, Friedrich NIETZSCHE, Ludwig FEUERBACH, Sigmund FREUD, et bien d'autres.

[80] Baruch SPINOZA, *L'éthique (1667),* Paris, P.U.F, (Borda) 1970, livre IV, prop. 4, p.349.

La conception spinoziste de Dieu n'est pas étonnante vu qu'elle s'inscrit essentiellement dans la perspective de la raison et non dans celle de la foi. Il s'en explique, comme nous l'avons souligné tout au long de notre réflexion, en partant de l'invisibilité de l'objet même de la foi. Un Dieu hors du temps et de l'espace ne peut être appréhendé par la raison humaine. Nous comprenons dès lors pourquoi, par la raison, il n'a pas pu concevoir Dieu comme Créateur ni envisager rationnellement le mystère aussi bien de l'incarnation, de la rédemption que de la sainte trinité. Il voit en Jésus plus l'incarnation de la sagesse universelle et des vérités éternelles[81] qu'un *Dieu fait homme*. Nous comprenons aussi que Baruch Spinoza ait inscrit la révélation dans le registre de l'imaginaire des prophètes et non dans celui d'un Dieu qui s'adresse à l'humain.

Du point de vue de Baruch Spinoza, si les lois divines sont inscrites dans la nature humaine et que la pensée humaine n'exclut pas la piété, point n'est alors besoin de les découvrir par des voies surnaturelles. Cela s'entend bien du moment où, pour lui, Dieu est assimilé à la nature et se dévoile à travers les lois éternelles et l'ordre universel de celle-ci. Par conséquent, l'unique voie d'approche possible reste la raison humaine, qui, seule, permet de souscrire au *Dieu-nature* par un libre consentement alors que la foi y conduit par une soumission volontaire, donc par obéissance.[82] Sa position entérine davantage notre thèse de l'inévidence de la foi. Dépassant la capacité de la raison humaine, les réalités divines ne peuvent au préalable être éclairées que par la lumière de la foi. Outre les thèses avancées par Baruch SPINOZA, la foi a également fait l'objet d'une critique acerbe de certains

---

[81] Baruch SPINOZA, *Traité théologico-politique 1670, chap. IV, § 10, [64] p. 197, traduit par E. Saisset, H&O 2018, 350p.*

[82]Idem, version numérique, pp 41-45 voir. //http://spinozaetnous.org/, consulté le 28 nov. 2023

philosophes, tels que Sigmund Freud, Karl Marx, Friedrich Nietzsche,[83] que Paul Ricœur qualifie de maîtres du soupçon.[84]

La critique de la religion et, par ricochet, celle de la foi, amorcée par les maîtres du soupçon – qu'elle soit juste, objective ou pas – va aussi dans le même sens que celle de Baruch SPINOZA. Sauf, nous faut-il noter, que les philosophes du soupçon ne se sont pas contentés de rationaliser les notions de Dieu et de la religion mais de les surmonter en démasquant et dénonçant les mécanismes qui conduisent vers elles. Friedrich Nietzsche a carrément préconisé la fin nécessaire de la religion qu'il considère comme la mort de Dieu pour permettre à l'homme de se réapproprier les attributs qu'il lui a accordés afin de penser, d'agir et d'être par lui-même et non par un être fictif qui lui impose des diktats d'en haut.[85] Jean-Paul SARTRE a posé l'alternative entre la liberté de l'homme et celle de Dieu. Selon lui, vu que l'homme n'a pas participé à son existence, il est condamné à être libre pour façonner lui-même son essence. Ainsi, Dieu n'est plus envisagé, à l'instar de la foi, comme celui qui détermine l'essence des humains.[86]

Partant de l'analyse profonde des croyances de l'homme (Friedrich Nietzsche), de la société marquée par la révolution industrielle (Karl Marx), de la conscience et de sa place chez le sujet humain (Sigmund Freud), les maîtres du soupçon ont démantelé les déviations auxquelles ont conduit certaines interprétations, pratiques et manifestations de la foi. Celles-ci, au lieu de faire de la religion ainsi que de la foi un facteur de libération, les ont érigées en un aveuglement

---

[83] Voir par exemple dans Sigmund FREUD, *L'avenir d'une illusion*, traduction de Dorian ASTOR et présentation de Pierre PELLEGRIN, Paris, Flammarion, 2019, 170 p ; Sigmund FREUD, *L'homme Moïse et la religion monothéiste*, traduit de l'allemand par Janine ALTOUNIAN, Pierre COTET, Pascale Haller, Paris, PUF, 2011, 156 p ; Karl MARX, *Contribution à la critique de la philosophie du droit de Hegel*, édition préparée, présentée et annotée et texte traduit par Victor BÉGUIN, Alix BOUFFARD, Paul GUERPILLON, Paris, les Éditions sociales, 2018, 343 p ; Friedrich NIETZSCHE, *Œuvres philosophiques complètes. 8. 1, Le cas Wagner. Crépuscule des Idoles. L'Antéchrist. Ecce Homo*, textes et variantes établis par Giorgio COLLI et Mazzino MONTINARI ; traduits de l'allemand par Jean-Claude HÉMERY, Paris, Gallimard, 1974, 596 p ; Friedrich NIETZSCHE, *Ainsi parlait Zarathoustra*, traduction de Hans HILDENBRAND, Paris, Éditions Kimé, 2012, 357 p. Voir aussi Bernard SEVE, La question philosophique de l'existence de Dieu, Paris, PUF, 1994, 329 p.

[84] Nous pensons, à titre indicatif, à Sigmund Freud, Friedrich Nietzsche, Karl Marx et bien d'autres qui ont exercé une critique acerbe sur la religion la traitant d'illusoire, d'opium, d'aliénant… C'est Paul Ricœur qui leur a attribué le qualificatif de maîtres du soupçon.

[85] F. NIETZSCHE, *Le Gai Savoir*, Patrick Wotling, GF Flammarion, 1998, rééd. 2007.

[86] JP. SARTRE, *L'existentialisme est un humanisme*, Nagel, Paris, 1946.

idéologique, en une instance d'aliénation et en une illusion. Pour cette raison, ils ont jeté l'opprobre sur la foi et sur la manière de la pratiquer.

Ce qui vient d'être dit est un véritable pavé jeté dans la marre du côté des chrétiens, une remise en question profonde de leurs croyances et de leurs pratiques. Cependant, l'approche philosophique des maîtres du soupçon a néanmoins un double avantage tant pour les croyants, notamment chrétiens, que pour les incroyants. Sans remettre leur foi en question, les chrétiens peuvent en tirer profit pour s'interroger davantage sur leurs convictions et leurs pratiques. Les incroyants peuvent y trouver l'un des fondements philosophiques de leur athéisme. Cette approche philosophique, donc critique, de la religion diffère également de celle des prophètes vétérotestamentaires et des <u>réflexions</u> des philosophes antiques. En effet, si les prophètes et certains philosophes anciens critiquaient la religion, en tant qu'expression et manière de pratiquer la foi, c'était dans le but de purifier l'image de Dieu et de la pratique religieuse et non, comme les philosophes de soupçon, de les surpasser. Il nous reste maintenant à voir comment la science s'est positionnée par rapport au Dieu de la révélation.

Les sciences, celle de la nature comme celle de l'esprit, n'étaient pas moins restées en lice. Dès le moment où elles avaient entrepris de donner des explications rationnelles, preuves à l'appui, à des phénomènes de la nature et de l'humain, elles sont allées jusqu'à renverser et désenchanter les élucidations et les images religieuses en vogue.[87] Elles avaient planté le germe de l'athéisme dans les esprits de certains. De plus, leurs progrès, accompagnés de ceux de la technique, ont permis l'amélioration des conditions de vie des populations en leur offrant les possibilités d'acquérir les biens matériels et le bien-être. Enfin, les idéologies que les sciences expérimentales ont inconsciemment ou consciemment mises en branle, à savoir l'empirisme et le positivisme, ont désorienté les esprits faibles de la foi. Dès le moment où le réel était réduit à l'expérimentale et la vérité à la correspondance aux faits, la foi s'est vue exclure de l'orbite tant du réel que de la vérité.[88]

---

[87] Nous pensons notamment au renversement ou révolution opérée tant par Galilée de Vincenzo que par Nicolas Copernic en prouvant l'héliocentrisme au détriment du géocentrisme, doctrine d'après laquelle c'est la terre qui est au centre de l'univers puisque le soleil tourne autour d'elle. L'héliocentrisme prouve le contraire. La théorie scientifique de l'origine du monde (le Big bang) a également défié la version biblique du livre de la Genèse 1.2

[88] Il suffit de se référer au *Tractatus Logico-Philosophique* de Ludwig Wittgenstein. La théologie, tout comme la foi et la religion appartiennent au registre de l'indicible parce que leur langage ne correspond

En tous les cas, à moins d'effectuer un saut vers la foi, il ne convient pas d'attendre de la démarche scientifique des preuves de démonstration de la foi. Il ne faut pas, non plus, en attendre une certitude sur les réalités surnaturelles d'autant plus que l'objet de la science ne se limite qu'aux faits observables, visibles, alors que celui de la foi se rapporte à l'invisible. Baruch SPINOZA et Emmanuel KANT n'avaient pas tort d'affirmer les limites de la raison scientifique qui ne peut aller au-delà des réalités dépassant l'espace et le temps. De plus, l'homme des sciences est censé observer la neutralité axiologique[89] pour ne pas se laisser influencer par ses convictions et jugements de valeur. Donc, l'invisibilité de Dieu s'exclut de tout champ et démarche scientifiques. Le registre scientifique, contrairement à la perspective philosophique, ne fournit aucune preuve, ni démonstration de l'existence de Dieu à moins, comme nous l'avons indiqué, d'aller au-delà tant en amont qu'en aval de sa démarche.

Plus près de nous, Michel Onfray dont la conviction de l'athéisme n'est pas à démontrer, a développé une thèse mythiste d'après laquelle, le Jésus Historique n'a pas réellement existé mais textuellement comme une idée. Il s'appuie sur le fait que la littérature contemporaine ne contient pas de documents prouvant effectivement l'existence de Jésus. Pour lui, les documents qui existent sont *mythologiques, fictionnels, semblables aux mythes païens relatant les histoires de* « *l'Ulysse d'Homère, l'Apollonios de Tyane de Philostrate, ou l'Encolpe de Pétrone . . . héros de péplum*[90]. De son point de vue, si les mythes ont connu des personnages légendaires, héroïques, rien n'empêche d'induire que Jésus a été aussi conçu comme ces personnages.

Les critiques portées sur cette position montrent clairement qu'elle est entièrement influencée par l'athéisme au point de rejeter radicalement les évangiles et d'autres documents de l'ère chrétienne, qui affirment au moins l'existence historique de Jésus. Michel Onfray qui ne dissimule pas son manque de croyance, interprète

---

pas aux faits. Il est, par conséquent, dénué de tout sens. D'ailleurs, le Tractatus s'inscrit dans le registre du positivisme linguistique. C'est Auguste Comte qui est le fondateur du positivisme scientifique.

[89] La neutralité axiologique est une posture méthodologique et aussi une préoccupation éthique émise par Max Weber. Elle invite les chercheurs à ne pas laisser leurs propres valeurs influencer leurs recherches.

[90] M. Onfray, *Traité d'athéologie*, Paris, Grasset, 2005, p. 157. Voir aussi, *Décadence, Vie et mort du judéo-christianisme*, Paris Flammarion, 2017; 64P et enfin, *Théorie de Jésus. Biographie d'une idée*, Paris, Bouquins-Essais 2023, 287p.

l'ensemble des écrits néotestamentaires sous l'angle rationnel. Un des arguments auxquels il recourt, repose sur le fait que tout ce qui est dit de Jésus dans le Nouveau Testament avait été déjà prédit ou annoncé dans les écrits vétérotestamentaires. Les apôtres n'avaient fait que les concrétiser et les actualiser.

Nous comprenons dès lors son désarroi par rapport à la réalité concrète des faits évangéliques dont il a cherché en vain à tester la véracité. S'il ne s'était pas rendu compte de l'erreur méthodologique de son exégèse biblique en traitant comme des faits scientifiques, les épisodes évangéliques, généralement de nature symbolique, pouvait-il, de là, rejeter en bloc tout fait et document attestant l'existence de Jésus et en conclure à son inexistence historique ? Que l'incroyance porte sur le mystère de l'incarnation, cela est compréhensible. L'ensemble du judaïsme ne s'était d'ailleurs pas fait à cette conviction. C'est un mystère qui dépasse l'entendement humain. Mais qu'elle porte sur l'existence historique de celui que l'on désignait par " le fils du charpentier", "le nazaréen", cela est étonnant et prouve davantage le caractère surnaturel et inévident de la foi.

D'autres athées, à l'instar d'André Comte-Sponville, Luc Ferry, estiment qu'à l'heure actuelle, la question de Dieu ainsi que celle de la foi ne se pose plus comme une nécessité. On peut se passer de religion mais pas de communion, ni de fidélité, ni d'amour.[91] Comme pour beaucoup de philosophes, André Comte-Sponville pense également que l'on a institué la religion pour épargner à la population la peur de la mort en la faisant vivre dans un imaginaire consolateur. La religion berce tellement ses adeptes de la conviction de la résurrection et de l'amour infini de Dieu qu'ils deviennent incapables d'affronter la vérité de sa finitude. Pour André Comte-Sponville, l'idée tant de la résurrection que de l'amour infini de Dieu est tellement belle qu'elle ne peut pas refléter la vérité.[92]

Conclusion

La foi ne peut pas être évidente pour l'humain pour deux raisons. La première, c'est que son objet qu'est Dieu, est invisible. Il se situe en dehors du temps et de l'espace. Quand bien même Dieu a fait irruption dans l'histoire de l'humanité, prenant même la condition humaine, son bref séjour sur la terre n'a pas suffi pour que l'humain puisse pénétrer le mystère et briser l'inconnu qu'IL représente. De

---

[91]COMTE-SPONVILLE, *L'esprit de l'athéisme. Introduction à une spiritualité sans Dieu*, Paris, Albin Michel, 2006, p.77.

[92] *Idem*, pp 135-136.

même, ne s'inscrivant pas dans le temps comme dans l'espace, la foi dépasse le cadre naturel constitutif de l'humain. Aussi, n'est-elle pas innée, donc pas naturelle, comme la raison. Cela signifie qu'elle échappe à tout humain qui tente de la saisir par des voies exclusivement humaines. La deuxième raison est que l'homme lui-même est limité par le temps et l'espace dans lesquels il évolue. Ainsi, ses moyens de connaissance et de compréhension sont également restreints. Nous nous accordons avec Emmanuel KANT qui estimait que le Dieu de la révélation ne pouvait pas être connu par les voies rationnelles.

La preuve, c'est que toutes les tentatives de recherche de Dieu par des voies humaines, ont abouti soit aux dieux polythéistes, produits tantôt de la nature tantôt de la créativité de l'homme, soit à l'idée de dieu mais ne correspondant pas à la nature du Dieu révélé de la Bible. De plus, la raison philosophique a plutôt fait diverger les humains qui y ont recouru. Il y en a qui sont parvenus à prouver son existence, d'autres à le vider de sa substance surnaturelle pour lui octroyer une substance se confondant avec la nature (Baruch SPINOZA). D'autres ont nié son existence, non seulement parce que la raison les y ont conduits, mais aussi parce qu'ils ont visé la libération de l'homme aliéné ou illusionné par la foi et la religion (Sigmund Freud, Karl Marx, Friedrich Nietzsche).

La foi n'est pas non plus évidente même pour les chrétiens appelés continuellement à l'approfondir. Le contenu de la foi les met devant les mystères, qu'ils ne peuvent déchiffrer que par la lumière surnaturelle, leur demandant généralement la mise entre parenthèses de la raison et le dépassement de leur nature. Elle se révèle essentiellement comme un abandon total à Dieu pour saisir le mystère qu'elle incarne. Le contenu de la foi n'est intelligible que par la lumière de la foi. Certes, le recours à la raison humaine n'est pas exclu mais il intervient en second lieu puisqu'il convient d'abord d'accueillir, de s'ouvrir à la révélation divine pour élucider après, son contenu. Si la foi dépasse les lumières naturelles de l'humain, c'est qu'elle se révèle comme un mystère. Ce qui nous amène à aborder la question de la nature de Dieu. C'est l'objet du prochain chapitre.

Chapitre III : La foi, ce mystère !

La théologie chrétienne emploie beaucoup le terme "mystère" pour désigner un fait relevant de l'histoire du salut. Comme l'indiquent les écrits bibliques, cette histoire commence par l'irruption de Dieu monothéiste dans l'humanité, plus précisément dans la vie des humains. Ceux qui l'ont acceptée, accueillie, sont appelés croyants en Dieu unique. Ils ont entretenu et/ou entretiennent avec Lui une relation plus profonde au point d'impacter leur existence. Il n'est plus seulement question du vécu des humains entre eux mais aussi avec le Dieu invisible. De ce point de vue, nous pouvons déjà affirmer que cette histoire, enrichie du et par le divin céleste qui se fait connaître à l'humain, est empreinte du mystère de Dieu. L'on comprend aussi pourquoi le Nouveau Testament, notamment les épîtres de saint Paul apôtre, parle de ce qui provient de Dieu en termes de "mystère", accessible seulement aux initiés.[93]

Dans tous les cas, ce qui relève de Dieu et/ou se rapporte à Lui, s'inscrit toujours et déjà dans le registre du mystère. Cela ne doit pas étonner outre mesure vu sa nature et tous les attributs qu'Il incarne et qui ne correspondent pas à ceux des humains : l'Infini, le Parfait, le Puissant, le Créateur ; l'Amour par excellence. Dans ce qui va suivre, nous tâcherons d'expliquer le sens dans lequel la théologie utilise ce terme et/ou ce concept pour le différencier du sens courant dans lequel il est souvent utilisé. Nous approfondirons enfin l'implication de cette réalité dans la vie des croyants, particulièrement dans la célébration liturgique.

III.1. Le sens commun du concept de mystère

Dans le langage courant, reflet de la réalité quotidienne, le terme "mystère" signifie ce qui dépasse les compétences, les capacités, l'entendement humains. Le dictionnaire Larousse l'appréhende comme *ce qui est inaccessible à la raison humaine : ce qui est de l'ordre du surnaturel ; ce qui est obscur, caché, inconnu, incompréhensible*. Nous comprenons pourquoi l'homme considère ce qui relève de Dieu comme un mystère dès lors qu'il le juge impénétrable. Sa grandeur, son infinité et sa création le dépassent. Aussi s'émerveille-t-il toujours devant la beauté, la grandeur de l'univers, vu comme œuvre de Dieu. Les penseurs grecs étaient pris d'admiration devant l'harmonie, l'ordre de l'univers au point de l'ériger en critère d'une vie heureuse. Du point de vue de la religion, le croyant

---

[93] Le Nouveau Testament emploie 31 fois le terme mystère dont 22 dans les épîtres de saint Paul. Parfois il désigne ce terme comme initié (2Ph1, 9) ou aussi comme foi et piété. Voir l'article d'Éric Morin, *Le mystère chez saint Paul*. https://media.collègedesbernardins.fr, lu 18/12/2023

monothéiste est également surpris par l'amour de Dieu, sa miséricorde, sa compassion, son jugement, voire son enseignement. Il s'en émerveille et ressent en lui le désir d'adoration. En s'y penchant, le croyant réalise également sa fragilité et sa petitesse en constatant l'infinité de la bonté de Dieu mais aussi l'écart entre celle-ci et la sienne. La logique de Dieu, et sa vision des choses, son regard sur l'humanité et les humains ne correspondent pas toujours aux siens. *Tes pensées ne sont pas celles de Dieu*, disait Jésus à l'apôtre Pierre. (Mt 16, 23). L'Écriture sainte rapporte bien des passages allant dans ce sens. Les voies de Dieu sont insondables. (Rm. 11,33); (Ps.139,1-6)

Par rapport au mystère de Dieu, il se dégage deux perceptions. Il y a, d'un côté, celle des humains (notamment les philosophes), qui place Dieu sur un piédestal, Le considérant hautement, comme l'Absolu, la Cause incausée, le Bien souverain, le Transcendant, bref, tout ce qui va au-delà et dépasse l'humain… De l'autre, celle de la révélation où Dieu se dévoile humblement aux humains, revêtant ainsi leur fragilité, prenant le risque de s'incarner, de respecter leur liberté, de s'exposer tant à leur crédulité qu'à leur incrédulité et aussi à leur méchanceté. Le Dieu monothéiste étonne et étonnera toujours l'humain. Comment le Tout puissant peut-Il se rendre si fragile ? Cette vulnérabilité ne contraste-t-elle pas avec sa suprématie ? Les contemporains de Jésus ne s'étaient-ils pas étonnés de sa prédication ? Comment un Nazaréen, fils du charpentier, peut-il enseigner d'une manière nouvelle et avec autorité ? *Il commande même aux esprits impurs et ils lui obéissent. (Marc 1, 21-28).* Si du point de vue humain, le mystère est envisagé comme l'impénétrable, est-ce aussi le cas du point de vue théologique, donc celui de la foi ?

III.2. Le mystère sous l'angle de la foi (de la théologie)

''Père, Seigneur du ciel et de la terre, je proclame ta louange : ce que tu as caché aux sages et aux savants, tu l'as révélé aux tout-petits''. (Mt 11, 25-27) Cette parole, prière de Jésus, nous éclaire d'une lumière nouvelle sur le sens du mystère du point de vue de la foi. Elle recèle bien de non-dits qu'il convient de décrypter. Nous commençons par le pronom démonstratif *''ce''* pour terminer par le verbe cacher. Y a-t-il des choses dans ce monde qui échappent (échapperaient définitivement) aux sages et aux savants,[94] dont l'intelligence tant théorique que pratique est essentiellement orientée vers les recherches ? Les savants et les

---

[94] Nous prenons les sages et les savants comme ceux qui recourent régulièrement à leur faculté de penser pour connaître ou pour agir. Nous y voyons les scientifiques, toutes branches confondues, et les philosophes.

scientifiques ne sont-ils pas réputés par leur érudition, et ce, dans beaucoup de domaines pour que certains éléments leur soient incompréhensibles ?

Certes, bien des renseignements et des informations à leur possession étaient encore inconnus il y a cinquante ans et de nos jours encore. Cependant, les avancées et les découvertes de la technoscience se font à un rythme tellement vertigineux que les bénéficiaires ne savent plus suivre et cela soulève même le problème de la maîtrise de la maîtrise[95]. Les progrès de la science étant irréversibles, nous sommes en droit de présumer que ce qui est inconnu aujourd'hui, sera, en grande partie, connu dans cinquante ans. Si tel est le cas, que peut bien être le *"ce"* qui ne peut être connu par les sages et les savants ?

Il est donc clair que le *"ce"* de la prière de Jésus, ne se rapporte nullement aux domaines des recherches scientifiques qui, eux, sont à la portée des humains. Puisque, ce qui relève de la compétence humaine est toujours susceptible d'être connu, nous pouvons affirmer que le *"ce"* de la prière de Jésus, porte sur tout ce qui dépend de domaines de Dieu. Il y a alors lieu de se demander pourquoi Dieu le cacherait-Il aux sages et aux savants pour le révéler seulement aux pauvres et aux petits. La raison est claire : les premiers ne procèdent que par la raison (théorique et pratique). Celle-ci, comme nous l'avons précisé dans le chapitre précédent, ne va pas au-delà de ses limites. Et par voie de conséquence, elle ne peut pas connaître *les choses en soi*[96] mais seulement *les choses pour soi* pour utiliser les expressions d'Emmanuel KANT. Dans cette perspective, nous pouvons arguer que le *"ce"* ne leur est pas caché mais ne pouvant pas être élucidé par la raison, devient inaccessible à tout esprit qui y procède. On peut objecter le fait que les philosophes parviennent quand même à une idée de Dieu à partir de la raison. Cependant, cette idée demeure une approche humaine et, même si elle ne contredit pas le contenu de la révélation, elle ne correspond qu'aux attributs et non à l'être même de Dieu de la révélation.

---

[95] La maîtrise de la maîtrise est une expression créée par Michel Serres pour traduire la réalité d'une société qui vit au rythme vertigineux du progrès de la technoscience dont les effets collatéraux sur le bien-être et la qualité de la vie ne sont pas à démontrer. Aussi, suggère-t-il de passer de la maîtrise d'objets-monde à la maîtrise de la maîtrise pour juguler, réguler les impacts du progrès de manière à s'offrir une vie de qualité. Michel Serres, *La Distribution. Hermès IV,* Paris, Les Éditions de Minuit, 1977, p. 93

[96] Kant utilise ce concept pour signifier la réalité telle qu'elle pourrait être pensée indépendamment de toute expérience possible. On peut l'appréhender également comme le noumène en tant que distinct des phénomènes.

Nous ne reviendrons pas ici à ce que nous avons développé au chapitre précédent. Retenons seulement qu'il se pose toujours un problème entre l'idée et son ancrage dans le réel ou entre le mental, l'abstrait et le concret. Le Dieu de la révélation ne se présente pas comme une idée mais comme une Personne qui rencontre l'humain et lui parle. D'où les questions suivantes : si la raison s'avoue vaincue devant les matières relatives au Dieu de la révélation, par quelle lumière pourrait-on les saisir ? Est-ce par la voie de la foi ou par une autre ?

III.3. La foi, voie pour éclairer le mystère de Dieu

Si ce n'est que par la foi que l'on peut saisir le mystère de Dieu, c'est que Jésus perçoit les pauvres et "les petits" – à qui sont révélés ses mystères – comme ceux qui recourent non seulement à la raison mais aussi et davantage à la foi. Car ils sont prêts à abandonner leurs facultés naturelles pour se laisser guider par celle procédant de Dieu. Dans cette perspective, l'expression ''les tout-petits'' devient plus une qualité, si pas une vertu, qu'un substantif. Elle signifie une attitude d'humilité devant Dieu consistant à accueillir sa révélation et à se laisser éclairer par sa lumière et son intelligence pour comprendre sa parole. Tous ceux qui disposent de cette vertu, toutes les catégories confondues, appartiennent à la classe des "plus petits." La parole de Dieu n'exclut pas à proprement parler les savants et les sages de la révélation de Dieu tout comme elle ne rejette pas totalement la raison.[97] Elle requiert d'abord d'être accueillie pour se soumettre après à l'éclairage de la raison dans le but de croire davantage. La démarche de la foi se présente de la manière suivante : je crois d'abord, c'est-à-dire, j'accueille le message de Dieu et j'y adhère ; puis, je cherche à le comprendre davantage pour enfin approfondir ma foi. Celle de la philosophie commence généralement par le doute, *la tabula rasa*, du moins en se tenant à la méthode cartésienne, pour chercher davantage la vérité, et ce, par la voie de la raison.

Comme on peut le constater, l'analyse que nous venons de réaliser sur le mystère caché aux uns et pas aux autres dévoile que ce n'est ni la foi, encore moins la raison, qui pose ou poserait problème mais plutôt le choix ou l'attitude des humains. C'est toujours l'homme qui croit et qui raisonne. Foi et raison constituent des lumières et des voies à suivre ou pas. Choix effectué par certains

---

[97] Le pape Jean Paul II dit la même chose dans son encyclique *Fides et ratio*, publiée en 1998. *LA FOI ET LA RAISON sont comme les deux ailes qui permettent à l'esprit humain de s'élever vers la contemplation de la vérité. C'est Dieu qui a mis au cœur de l'homme le désir de connaître la vérité et, au terme, de Le connaître lui-même afin que, Le connaissant et L'aimant, il puisse atteindre la pleine vérité sur lui-même (cf. Ex 33, 18; Ps 27 [26], 8-9; 63 [62], 2-3; Jn 14, 8; 1 Jn 3, 2).*

modernes qui ont opté pour une autonomie quasiment totale de l'humain, tournant ainsi le dos à l'hétéronomie (référence aux normes provenant en dehors de l'homme). En se réfractant à la lumière, à l'intelligence de Dieu, donc à la foi, ils se ferment également à sa révélation. Par contre, en l'accueillant d'abord, les tout-petits font confiance à Dieu, choisissent sa lumière et son intelligence, et recourent ou pas à la raison humaine pour saisir davantage le sens de son message.

C'est dire que dans la perspective théologique (celle de la foi), le mystère ne se perçoit plus comme ce qui est définitivement impénétrable mais plutôt comme ce qui est susceptible d'être livré aux personnes qui partagent une certaine intimité avec Dieu et qui se confient à Lui. Plus la confiance et le niveau (degré) d'intimité avec Dieu augmentent, plus Il se fait connaître en livrant ses secrets. Dans ce sens, le mystère change de signification. Il devient ésotérique puisque Dieu ne le livre qu'à ceux qui Lui font confiance. Le prophète Daniel le conçoit également comme tel, c'est-à-dire comme un secret voué à être dévoilé aux initiés. (Dn 2, 18.19.27-30).

Cependant, l'homme étant limité, sa confiance, son intimité avec Dieu en subit le contrecoup. Aussi, ne saura-t-il jamais contenir, ni pénétrer dans toute sa totalité ce mystère, qu'est le secret de Dieu, car il est inépuisable, infini et grand. Enfin, l'homme n'a pas non plus besoin de tout épuiser, tout savoir pour comprendre l'essentiel du message divin. Le peu, qu'il découvre et décortique, peut lui suffire pour approfondir davantage sa relation avec LUI.

Le secret est toujours tenu caché parce que son contenu n'est réservé qu'à un nombre réduit de personnes, qui ont le devoir strict de discrétion.[98] Voulant savoir ce que signifiait la parabole du semeur, Jésus répond ceci à ses apôtres : « *À vous, il est donné de connaître les secrets du Royaume de Dieu; mais il en est parlé aux autres en parabole afin que voyant, ils ne voient pas, et qu''entendant, ils ne comprennent pas* ». (Luc 8, 10) Vu sous cet angle, nous pouvons conclure que les plus petits, les humbles sont ceux qui sont admis dans le secret de Dieu parce qu'ils lui font confiance, s'abandonnent à Lui, et entretiennent des relations très

---

[98] Discrétion ne signifie pas, dans ce contexte, garder pour soi, ne pas livrer le secret à quelqu'un d'autre sinon la bonne nouvelle ne serait pas annoncée. Dans la perspective théologique, cette attitude désigne la vertu de l'humilité. D'abord parce que le bénéficiaire assiste à l'ineffable. Il fait l'expérience d'une réalité qui le dépasse au point de manquer des mots pour l'exprimer, entérinant ainsi la conclusion du *Tractatus logico-philosophicus* de Wittgenstein : « *ce qu'on ne peut pas dire, il faut le taire* ». Le silence de Marie, la mère de Jésus lors de l'annonciation peut également se comprendre dans ce sens. Ensuite, la révélation de Dieu à quelqu'un ne s'inscrit pas dans le registre de mérite. C'est le fait tout simplement de la grâce de Dieu. Le bénéficiaire ne doit pas s'enorgueillir. Enfin, le secret de Dieu requiert une intense intériorisation personnelle pour pouvoir l'annoncer. On ne donne que ce que l'on a et reçoit.

intimes avec Lui. Aussi, palpent-ils ses insondables mystères. Ils perçoivent ce que les autres ne peuvent pas percevoir. Ils comprennent ce qui échappe à l'entendement des autres, entérinant ainsi les paroles de Jésus : « *Et, se tournant vers les disciples, il leur dit en particulier : ''Heureux les yeux qui voient ce que vous voyez ! Car je vous dis que beaucoup de prophètes et de rois ont désiré voir ce que vous voyez, et ne l'ont pas vu, entendre ce que vous entendez, et ne l'ont pas entendu ''* ». (Luc 10, 23-24)

Dans ce sens et de notre point de vue, au regard de la profondeur de leur relation avec Dieu, nous considérons les petits et les humbles comme des mystiques même s'ils vivent dans le monde et lui sont ouverts. Le mystique est justement celui ou celle qui adhère à des croyances surnaturelles, qui possède une foi religieuse profonde et le manifeste par des pratiques de dévotion intense. À titre d'exemple, saint Paul – pour ne citer que lui – est, pour nous, une personne mystique du moment où, pour lui, vivre, c'est le Christ. D'ailleurs, dans son épître aux éphésiens, il s'appréhende comme le dépositaire de ce mystère. *Vous avez appris,* écrit-il aux Éphésiens, *comment Dieu m'a dispensé la grâce qu'il m'a confiée pour vous, m'accordant par révélation la connaissance du Mystère. (Éph. 3, 1-3)*

Il ne suffit pas de s'isoler du monde, de vivre de manière ascétique à l'instar de Jean Baptiste pour être envisagé comme mystique. Le critère principal est, pour nous, la relation intime, l'alliance que l'on entretient avec Dieu. Tous ceux qui accordent priorité aux réalités célestes, qui assument l'invitation du Christ à chercher d'abord le royaume de Dieu, sont des mystiques. Ils le sont du fait qu'ils détiennent les secrets de Dieu. D'où, l'importance de l'intériorité dans la vie des croyants. L'intimité se vit de l'intérieur où réside Dieu. On comprend dès lors pourquoi la religion, spécialement chrétienne, est essentiellement une affaire de cœur. Tout le problème est de savoir si les croyants monothéistes, toute religion confondue, en sont conscients. Et pourtant, tant la théologie - élucidation conceptuelle de la foi - que la liturgie - célébration de la foi - chrétiennes, notamment catholiques, les mettent en présence du grand mystère. Examinons cela de près en approfondissant d'abord la liturgie eucharistique et les différents mystères christologiques.

III.4. La liturgie eucharistique comme célébration d'un grand mystère

La liturgie eucharistique présente carrément la foi non seulement comme un simple mystère mais comme un grand mystère. Les quatre acclamations de l'anamnèse évoquent la foi toujours en termes de mystère[99] puisque dans l'Eucharistie, on célèbre et fait mémoire de la mort, la résurrection et la venue de Jésus-Christ. Au fond, célébrer l'Eucharistie, pour les croyants/chrétiens catholiques, c'est rendre grâce à Dieu pour le salut qu'Il leur apporte à travers la passion, la mort et la résurrection de Jésus. La célébration eucharistique y fait continuellement référence, notamment, à travers les différentes prières eucharistiques qui la parcourent. *"C'est pourquoi nous aussi, tes serviteurs, et ton peuple saint avec nous, faisant mémoire de la passion bienheureuse de ton Fils, Jésus Christ, notre Seigneur, de sa résurrection du séjour des morts et de sa glorieuse ascension dans le ciel, nous te présentons, Dieu de gloire et de majesté, cette offrande prélevée sur les biens que tu nous donnes, le sacrifice pur et saint, le sacrifice parfait, pain de la vie éternelle et coupe du salut.[100]* C'est dire qu'en participant à l'Eucharistie, on célèbre et on vit un mystère, non seulement de notre rédemption mais également de la communion des êtres divins avec les humains et réciproquement. On est donc impliqué dans les secrets de Dieu à travers les deux parties de la célébration, à savoir : celle de la parole et celle de la consécration qui aboutit à la manducation. Enrichis par la communion avec les divins, les participants se sentent également mobilisés et motivés à vivre la même communion avec les autres frères. L'Eucharistie est un sacrement qui relie les humains à Dieu et à eux-mêmes. Voilà pourquoi il ne convient pas de banaliser la célébration eucharistique. Et on ne peut, en aucun cas, surtout, la réduire à des rites à accomplir.

En effet, on y célèbre le mystère de la mort et la résurrection de Jésus par lequel, il nous a sauvés et le mystère d'une double communion : celle avec les personnes

---

[99] Voici les différentes acclamations de l'anamnèse : " proclamons le mystère de la foi, il est grand le mystère de la foi, louons le mystère de la foi et acclamons le mystère de la foi". À quoi les fidèles répondent respectivement : ''Gloire à toi qui étais mort, gloire à toi qui es vivant, notre sauveur et notre Dieu : Viens Seigneur Jésus''; ''Nous annonçons ta mort, Seigneur Jésus, nous proclamons ta résurrection, nous attendons ta venue dans la gloire''; ''Sauveur du monde, sauve-nous! Par ta croix et ta résurrection, tu nous as libérés''; ''Quand nous mangeons ce pain et buvons à cette coupe, nous annonçons ta mort Seigneur ressuscité, et nous attendons ta venue dans la gloire''.»

[100] Prière eucharistique n°1. Les autres prières invoquent également le même mémorial. N°2 *Faisant ici mémoire de la mort et de la résurrection de ton Fils, nous t'offrons, Seigneur, le pain de la vie et la coupe du salut, et nous te rendons grâce, car tu nous as choisis pour servir en ta présence. N°3 En faisant mémoire de ton Fils, de sa passion qui nous sauve, de sa glorieuse résurrection et de son ascension dans le ciel, alors que nous attendons son dernier avènement, nous présentons cette offrande vivante et sainte pour te rendre grâce. N°4 Voilà pourquoi, Seigneur, nous célébrons aujourd'hui le mémorial de notre rédemption : en rappelant la mort de Jésus Christ et sa descente au séjour des morts, en proclamant sa résurrection et son ascension à ta droite dans le ciel, et attendant aussi qu'il vienne dans la gloire, nous t'offrons son corps et son sang, le sacrifice qui est digne de toi et qui sauve le monde.* Prises dans l'ancien missel romain.

divines et celle avec les humains. Saint Paul n'avait-il pas écrit aux Corinthiens que : « *la coupe de bénédiction que nous bénissons n'est-elle pas la communion au sang de Christ ? Le pain que nous rompons n'est-il pas la communion au corps de Christ ? Puisqu'il y a un seul pain, nous qui sommes nombreux, nous formons un seul corps, car nous participons tous à un même pain* ». (1 cor 10, 16-7) Saint Jean a également abondé dans le même sens dans son évangile : « *Celui qui mange ma chair et qui boit mon sang demeure en moi, et je demeure en lui. Comme le Père qui est vivant m'a envoyé, et que je vis par le Père, ainsi celui qui me mange vivra par moi* ». (Jean 6, 56-56)

III.4.1. *Le mystère de la présence réelle de Jésus à travers les espèces saintes.*

L'Eucharistie est foncièrement un mystère puisqu'à travers les espèces saintes qui la constituent, composées du pain et du vin consacrés, elle met les participants en présence réelle du ressuscité. Qui peut penser que derrière ces espèces, se trouve présent le Christ, mort sur la croix et ressuscité, vivant parmi les croyants ? Seule la foi et son éclairage peuvent y conduire. Le mot *espèces* utilisé pour désigner une telle réalité signifie en latin : apparence, *specie*. Il dévoile le secret révélé aux plus petits qu'après la consécration du pain et du vin au cours de l'Eucharistie, ils sont réduits aux apparences matérielles mais en réalité, ils sont transformés au corps et au sang du Ressuscité. Saint Thomas d'Aquin l'a clairement exprimé dans une de ses sommes théologiques de la manière suivante : « *Car toute la substance du pain est convertie en toute la substance du Corps du Christ, et toute la substance du vin en toute substance du Sang du Christ. Cette conversion n'est donc pas formelle mais substantielle. Elle ne figure pas parmi les diverses espèces de mouvements naturels, mais on peut l'appeler "transsubstantiation", ce qui est son nom propre* ».[101]

La présence réelle du Christ dans les espèces saintes ne peut être révélée qu'à ceux qui croient, c'est-à-dire aux initiés, à même de voir des réalités invisibles à travers des éléments concrets de la vie quotidienne, comme le pain et le vin. Peut-on vraiment être sûr qu'un profane, donc un non-initié, comprendrait du coup cette conviction des croyants d'être en présence réelle mais invisible de Jésus dans les espèces saintes, sans la moindre explication ? Une présence ne peut en principe être réelle que si elle se prête aux sens en se rendant par exemple visible, palpable. Or, dans l'Eucharistie, ce sont les espèces saintes qui sont visibles, palpables et

---

[101] Thomas d'Aquin, *Somme Théologique*, III Qu.75 a.4, 1273.

non la personne du Christ. Cette présence, bien qu'invisible avec les yeux humains, se rend réellement visible avec les yeux de la foi.

Le mystère se situe dans cette conviction d'une présence perceptible seulement dans et par la foi. Cette foi n'est nullement virtuelle mais réelle derrière des objets qui, en eux-mêmes, dénotent d'autres réalités. De plus, les paroles de la consécration n'ont pas été inventées. Ce sont celles prononcées par Jésus lors de son dernier repas avec ses apôtres. C'est au cours dudit repas, qu'il leur a donné l'ordre de les réitérer avec les gestes qui les accompagnaient pour se souvenir de lui. C'est tout le sens de l'anamnèse, dont nous avons parlé ci-dessus. Puisque pour lui, dire, c'est accomplir ses paroles, qui se sont transformées en acte le vendredi saint sur la croix, où il a livré son corps et versé son sang pour nous sauver. C'est sur la croix qu'il a réalisé ses propos : « *il n'y a pas de plus grand amour que de donner sa vie pour ceux que l'on aime* ». (Jean 15, 3) Si l'Eucharistie signifie action des grâces, remerciement à Dieu pour toutes ses merveilles, c'est Jésus qui en a inspiré le schéma et le contenu. Au fond, à l'Eucharistie, on rend grâce à Dieu pour tous les mystères qui jalonnent la vie de Jésus. Du fait qu'elle réalise la jonction entre les humains et Dieu et entre eux, elle revêt totalement la dimension du mystère.

Enfin, si, comme nous l'avons souligné ci-dessus, la présence réelle du Ressuscité dans les espèces saintes, n'est perceptible que par la foi, c'est qu'il y a un lien étroit entre foi et Eucharistie. Dans tous les cas, le contraire serait étonnant, vu que tant la foi que l'Eucharistie portent sur Dieu. Dans la célébration eucharistique, on loue et remercie Dieu et dans la foi, on adhère à sa parole, on lui fait confiance. Ne célèbre et participe à l'Eucharistie que celui qui a et professe, au préalable sa foi en Dieu pour que le rituel de la célébration ne dégénère pas en un spectacle. C'est dire donc que participer à la célébration eucharistique, c'est poser un acte de foi et donc assister et s'impliquer dans le secret de Dieu.

Aussi n'est-il pas indiqué aux fidèles de banaliser sa célébration car elle les met en présence du mystère de Dieu. Même si elle est festive, solennelle, l'Eucharistie est censée être vécue dans la profondeur du cœur pour intérioriser, intégrer les sens et les significations de tous les gestes et paroles qui en constituent la trame. Ainsi, elle sera source d'énergie pour aimer les humains et transformer de l'intérieur le monde dans lequel ils vivent. C'est là le point d'atterrissage de toute participation à l'Eucharistie : aimer et transformer le monde après avoir rencontré et communié avec Dieu puisque la célébration eucharistique bien vécue, érige les fidèles en sel de la terre et lumière du monde. (Matthieu 5, 13-16)

La naissance de Jésus comme sa mort et sa résurrection sont également des révélations, c'est-à-dire des secrets de Dieu dévoilés à ses intimes. Il convient de nous attarder sur leur contenu pour pouvoir nous émerveiller devant eux. Nous commencerons par analyser le mystère de l'incarnation, lié à la naissance de Jésus pour terminer par celui de la rédemption en lien avec sa mort et sa résurrection.

III.5. Les mystères liés à la vie de Jésus

III.5.1. Mystère de l'incarnation

L'annonciation de la conception et de la naissance de Jésus par l'ange Gabriel à Marie, constituera le passage clé de notre analyse du mystère de l'incarnation. (Luc 1, 26-38)

Gabriel fut envoyé par Dieu dans une ville de Galilée, appelée Nazareth, à une jeune fille vierge, accordée en mariage à un homme de la maison de David, appelé Joseph ; et le nom de la jeune fille était Marie. L'ange entra chez elle et dit : « Je te salue, Comblée De-grâce, le Seigneur est avec toi. » À cette parole, elle fut toute bouleversée, et elle se demandait ce que pouvait signifier cette salutation. L'ange lui dit alors : « Sois sans crainte, Marie, car tu as trouvé grâce auprès de Dieu. Voici que tu vas concevoir et enfanter un fils ; tu lui donneras le nom de Jésus. Il sera grand, il sera appelé Fils du Très-Haut ; le Seigneur Dieu lui donnera le trône de David son père ; il régnera pour toujours sur la maison de Jacob, et son règne n'aura pas de fin. Marie dit à l'ange : « Comment cela va-t-il se faire puisque je ne connais pas d'homme ? » L'ange lui répondit : « L'Esprit Saint viendra sur toi, et la puissance du Très-Haut te prendra sous son ombre ; c'est pourquoi celui qui va naître sera saint, il sera appelé Fils de Dieu. Or voici que, dans sa vieillesse, Élisabeth, ta parente, a conçu, elle aussi, un fils et en est à son sixième mois, alors qu'on l'appelait la femme stérile. Car rien n'est impossible à Dieu. Marie dit alors : « Voici la servante du Seigneur ; que tout m'advienne selon ta parole. » Alors l'ange la quitta.

Cet épisode est rempli de passages tellement mystérieux déjà du point de vue humain qu'il est indiqué de s'y appesantir avant d'aborder sa dimension mystérieuse du point de vue de la foi. La présence de l'ange, envoyé par Dieu à Marie, jeune fille et vierge pour lui annoncer l'événement, a même bouleversé la destinataire du message. Ce n'est pas un fait anodin, ni banal de recevoir la visite d'un ange qui est quand même l'envoyé de Dieu. Il n'apparaît pas à tout moment, ni pour rien sinon pour apporter ou annoncer une bonne nouvelle de la part de

Dieu. Recevoir une telle apparition ou visite ne peut laisser le ou la bénéficiaire indifférent(e).

Ensuite, le choix porté sur Marie et non sur une autre jeune fille est également bouleversant. Qu'a-t-elle fait pour que Dieu ait jeté son dévolu sur elle ? Le choix de Dieu ne repose pas sur les mérites mais sur sa propre volonté. Voilà pourquoi l'ange lui a dit qu'elle est comblée de grâce et que le Seigneur est avec elle. Une salutation de nature surprenante tant que l'ange n'avait pas encore dévoilé son message. Cette salutation a-t-elle suffi pour apaiser l'esprit de Marie, toujours bouleversée par ces paroles dont elle ignorait encore la signification ? Le moins que l'on puisse dire, c'est que l'étonnement était à son comble.

Enfin, sont venus le message lui-même et la réponse de Marie. Elle s'est vu confier la mission de concevoir et de devenir la mère du sauveur du monde. Message et mission inattendus et donc étranges pour l'innocente jeune fille qui ne s'y attendait pas ni n'envisageait un tel projet. La preuve, c'est qu'elle s'était fiancée à Joseph. Voilà qui explique de nouveau son étonnement : *Comment cela va-t-il se faire puisque je ne connais pas d'homme ?* La solution proposée est de nouveau plus que surprenante. Ce ne sera pas l'œuvre d'une personne humaine mais d'une des personnes divines, à savoir le Saint Esprit. C'est une première et unique dans l'histoire de l'humanité. Ce ne peut provenir que de Dieu. S'il est capable de créer l'univers, pourquoi serait-il incapable de faire concevoir un être humain sous l'impulsion de son esprit ? L'enfant de Marie, puisque c'est elle qui l'a porté dans ses entrailles, est en même temps fils de Dieu puisque la conception s'est faite sous l'action de l'Esprit saint. Dieu, à travers son esprit, s'est uni à Marie pour donner Jésus, pour s'approcher de l'humanité. D'où notre profession de foi : *Je crois en un seul Seigneur, Jésus-Christ, le Fils unique de Dieu, né du Père avant tous les siècles ; il est Dieu, né de Dieu, Lumière, née de la Lumière, vrai Dieu, né du vrai Dieu. Engendré, non pas créé, de même nature que le Père, et par lui tout a été fait. Pour nous et pour notre salut, il descend du ciel ; par l'Esprit Saint, il a pris chair de la Vierge Marie et s'est fait homme.*[102]

Qu'est-ce qui est étrange du point de vue humain dans cette annonce ? D'abord sa mystérieuse, donc surnaturelle conception, défiant, dépassant et se passant de toutes les voies naturelles et artificielles que la modernité nous présente aujourd'hui. Comment, humainement parlant, comprendre une conception issue d'une union d'un esprit, fut-ce celui de Dieu, avec un être humain ? C'est dire que

---

[102] C'est le credo issu du symbole de Nicée-Constantinople

Marie s'est tout simplement retrouvée enceinte sans copulation. Ensuite, l'incarnation de Dieu. Que le Dieu tout puissant se fasse homme, embrasse la fragilité et la vulnérabilité de l'humain – excepté le péché, comme le dit saint Paul – n'est pas du tout audible du point de vue de la raison humaine. Cela n'est ni plus ni moins indigeste.

D'ailleurs, les siècles qui ont suivi son existence terrestre, ont été ponctués par quelques déviations au sujet de la vraie nature de Jésus. La difficulté reposait sur la convenance de deux natures ensemble. La tendance générale était d'affirmer et d'accentuer plus une nature au détriment de l'autre. Les plus célèbres de ces déviations sont d'un côté l'*arianisme* et ses disciples, et de l'autre, le docétisme de Cerinthe et ses disciples. L'arianisme nie carrément la divinité de la nature de Jésus. C'est une *doctrine christologique* qui *affirme la croyance que Jésus-Christ est le Fils de Dieu qui a été créé par Dieu le Père à un moment donné, une créature distincte du Père et qui lui est donc subordonnée.*[103] Si l'arianisme niait la nature divine de Jésus, le docétisme déniait sa nature humaine, en affirmant qu'il était totalement Dieu et n'avait fait que prendre l'apparence de la nature humaine. Pour ses tenants, Jésus ne disposait pas d'un corps physique et donc la crucifixion n'était qu'une illusion.[104]

Comme on peut s'en rendre compte, il est pratiquement impossible du point de vue de la raison humaine de valider une double nature (humaine et divine) dans les créatures. Un humain demeure un humain et non un Dieu. De même aussi pour Dieu. S'il est Dieu, il ne peut plus être humain. Or, en Jésus, et ce, dans le registre de la foi, les deux natures coexistent. Il est vrai Dieu et vrai homme, comme le symbole de foi de Nicée le fait professer aux croyants. Mystère du point de vue humain, c'est-à-dire incompréhension totale mais mystère aussi du point de vue de la foi, c'est-à-dire, un secret révélable aux intimes de Dieu.

Nous comprenons dès lors la position qu'avait prise Paul de Tarse après son échec à Athènes. « *Le Christ,* dit-il aux Corinthiens dans sa première épître, *ne m'a pas envoyé pour baptiser, mais pour annoncer l'Évangile, et cela sans avoir recours au langage de la sagesse humaine, ce qui rendrait vaine la croix du Christ. Car le langage de la croix est folie pour ceux qui vont à leur perte, mais pour ceux qui vont vers leur salut, pour nous, il est puissance de Dieu* ». *(1 cor 1, 17-18)* Il renchérit dans la deuxième lettre en ces termes : « *L'homme, par ses seules*

---

[103] https://fr.wikipedia.org"wiki"Arianisme. Lu le 26 janvier 2024

[104] https://fr.wikipedia.org"wiki"Docétisme. Lu le 26 janvier 2024

capacités, n'accueille pas ce qui vient de l'Esprit de Dieu ; pour lui ce n'est que folie, et il ne peut pas comprendre, car c'est par l'Esprit qu'on examine toute chose ». (1 cor 2, 14)

Et Marie dans tout cela : un mélange de l'humain et de la foi. Du point de vue humain, elle était, elle aussi, comme souligné ci-dessus, troublée, bouleversée et saisie de crainte car, elle ne comprenait pas ce que cela – la visite et les paroles de l'ange – signifiait. D'ailleurs, l'ange Gabriel a dû la mettre en confiance : « *sois sans crainte* », lui a- t-il dit, comme Jésus s'est également adressé à Jaïrus lorsque la foule lui a annoncé la triste nouvelle de la mort de sa fille : « *sois sans crainte. Crois seulement* ». (Marc 5, 36) Du point de vue de la foi, elle l'avait manifesté par son silence et son humilité, abandonnant ainsi le raisonnement humain pour céder à l'abandon à Dieu. Ne comprenant pas tout ce qui lui arrivait, elle les gardait dans son cœur, laissant la volonté de Dieu se réaliser en elle. Que cela me soit fait selon ta volonté puisque je suis ta servante, répondit-elle à l'ange. Dans cette perspective, nous pouvons considérer Marie comme mère et modèle de la foi chrétienne à l'exemple d'Abraham, pris comme père et ancêtre de foi monothéiste. D'elle, nous apprenons que devant les mystérieuses réalités divines, une seule vertu est possible : la foi, l'abandon à Dieu, le recueillement, l'émerveillement et l'intériorisation.

III.5.2. *Le mystère de la rédemption*

Nous nous servirons, comme pour le mystère de l'incarnation, de l'annonce de sa passion et de sa résurrection par Jésus Lui-même à ses apôtres pour étayer le mystère qu'elle incarne.

« À partir de ce moment, Jésus commença à montrer à ses disciples qu'il lui fallait partir pour Jérusalem, souffrir beaucoup de la part des anciens, des grands prêtres et des scribes, être tué, et le troisième jour ressusciter. Pierre le prenant à part, se mit à lui faire de vifs reproches : '' Dieu t'en garde, Seigneur ! Cela ne t'arrivera pas''. (Mt 16, 21-22) Prenant les Douze auprès de lui, il leur dit : '' Voici que nous montons à Jérusalem, et que va s'accomplir tout ce qui a été écrit par les prophètes sur le Fils de l'homme. En effet, il sera livré aux nations païennes, accablé de moqueries, maltraité, couvert de crachats ; après l'avoir flagellé, on le tuera et, le troisième jour, il ressuscitera. '' Eux ne comprirent rien à cela : c'était une parole dont le sens leur était caché, et ils ne saisissent pas de quoi Jésus parlait ». (Luc 18, 31-34)18,

Dans l'annonciation, c'est l'ange Gabriel en tant que messager de Dieu qui annonçait la bonne nouvelle à Marie. Pour la passion, la mort et la résurrection, c'est Jésus, lui-même, qui les avait annoncées à ses disciples. C'est dire que Jésus était conscient de ce qui allait lui arriver. Si pour les humains, c'est étrange que le messie meurt, pour Jésus, ça ne l'était pas. Tout d'abord – il faut le souligner – c'est parce qu'il avait vraiment été homme, même s'il avait aussi revêtu la nature de Dieu, qu'il devait souffrir et mourir. La souffrance et la mort s'inscrivent dans le cours normal de l'existence et de la nature humaines. Pour Jésus, elles constituaient les conséquences de son incarnation. Enfin, la perspective et l'option qu'il avait prises, ne pouvaient pas lui épargner la souffrance comme la mort. Pouvait-il agir autrement en tant que vrai Dieu et vrai homme ? Non, puisque comme vrai Dieu, il ne pouvait qu'être un humain vrai, cherchant et agissant toujours dans le sens de la vérité. Il ne pouvait qu'être un humain juste, cherchant et accomplissant continuellement la justice, bref assumant dans sa vie publique les béatitudes. Pour Jésus, cette option des béatitudes coïncide avec son être, car il est la révélation de son Père.

Malheureusement, une telle manière d'être et d'agir, disconvient à l'esprit du monde, et, par voie de conséquence, dérange, expose à la souffrance et à la mort. Le sachant, il en avait même prévenu ses apôtres. « *Si le monde a de la haine contre vous, sachez qu'il en a eu d'abord contre moi. Si vous apparteniez au monde, le monde aimerait ce qui est à lui. Mais vous n'appartenez pas au monde, puisque je vous ai choisis en vous prenant dans le monde ; voilà pourquoi le monde a de la haine contre vous. Rappelez-vous la parole que je vous ai dite : un serviteur n'est pas plus grand que son maître. Si l'on m'a persécuté, on vous persécutera, vous aussi. Si l'on a gardé ma parole, on gardera aussi la vôtre. Les gens vous traiteront ainsi à cause de mon nom, parce qu'ils ne connaissent pas Celui qui m'a envoyé* ». (Jean 15, 19-21).

Au regard de ce qui précède, il appert que Jésus n'avait pas exclu dans sa vie la perspective de la persécution de même que celle d'une ignoble mort. Bien au contraire, il en était conscient et l'avait bien intégrée. La preuve, c'est qu'après sa résurrection, il avait justifié sa souffrance et sa mort comme des effets collatéraux de l'obéissance à son Père et par conséquent, voie d'accès à la gloire de son Père. « *Alors Jésus leur dit : '' O hommes sans intelligence, et dont le cœur est lent à croire tout ce qu'ont dit les prophètes! Ne fallait-il pas que le Christ souffrît ces choses, et qu'il entrât dans sa gloire ? Et, commençant par Moïse et par tous les*

prophètes, il leur expliqua dans toutes les Écritures ce qui le concernait...'' »
(Luc 24,25-27)[105]

Cependant, ce qui n'avait pas été mystérieux pour Jésus, l'avait bel et bien été pour ses apôtres. Dans sa fougue, Pierre lui avait même reproché de penser à la mort. Pour lui et comme pour les autres, le messie, leur maître était quasiment voué à l'immortalité. Ce qui lui avait valu une réplique sans précédent de la part du Maître : « *Mais lui, se retournant, dit à Pierre : « Retire-toi ! Derrière moi, Satan ! Tu es pour moi occasion de chute, car tes vues ne sont pas celles de Dieu, mais celles des hommes* » (Matthieu 16:23) Saint Luc a bien décrit le profil humain tant des apôtres que des disciples devant l'annonce de la passion, la mort et la résurrection. *Eux ne comprirent rien à cela : c'était une parole dont le sens leur était caché, et ils ne saisissaient pas de quoi Jésus parlait. (Luc* 18, 34).

L'épisode des disciples d'Emmaüs, cité ci-dessus, est encore plus parlant. Esprit sans intelligence, leur avait-il dit, donc sans foi, car il s'agit de l'intelligence en tant que lumière divine. N'en étant pas dotés, les disciples étaient lents à comprendre les Écritures au point de se les faire de nouveau expliquer par le Ressuscité. L'apôtre Pierre avait plusieurs fois écopé de la même remarque de la part de son maître, notamment lors de la tempête secouant leur barque. « *Homme de peu de foi. Pourquoi as-tu douté* ? » (Matthieu 14, 22-33) Toute la question est de savoir pourquoi tant les apôtres que les disciples – ses premiers catéchisés et compagnons - qui, avaient été avec Jésus, ne saisissaient toujours pas la profondeur et la pertinence de son enseignement avant sa résurrection.

La raison réside dans le mystère de Dieu mais davantage dans le degré de leur foi, donc de leur intimité avec Dieu. Mystère, parce que ça le dépassait. Comment un sauveur pouvait-il mourir, pis encore, sur la croix comme un malfaiteur alors qu'il ne faisait que du bien dans le monde ? Peut-être, pensaient-ils qu'étant fils de Dieu, il en serait épargné par son Père. Rien de tel ! Tout s'était réalisé comme si le fils de l'homme était abandonné à son triste sort sans aucun soutien. Pierre s'était même désigné comme son meilleur garde du corps, prêt à mourir pour lui. Pourtant, sa vaillance en coupant l'oreille d'un soldat avait été défiée par sa trahison et sa lâcheté devant une femme de la cour pendant le procès de Jésus. En réalité, c'est eux, les apôtres, qui avaient abandonné Jésus mais pas son Père. Il fallait que les Écritures s'accomplissent.

---

[105] Jésus n'avait pas attendu la résurrection pour comprendre ce qui s'est passé pour lui. Il avait annoncé sa passion, sa mort et sa résurrection aux apôtres de son vivant.

Foi insuffisante pour comprendre et saisir tant les paroles que les gestes de Jésus et les événements importants de la vie de leur maître, auxquels il les associait. Pierre, Jacques, André avaient participé à la transfiguration, à la pêche miraculeuse, aux différents miracles… Parfois, Jésus les prenait à l'écart pour leur expliquer et révéler les secrets de Dieu. Hélas ! Les yeux de la foi n'étaient pas encore suffisamment ouverts pour pénétrer le sens des réalités invisibles. Leur raisonnement ne dépassait pas encore la logique de la pensée humaine. Il a fallu attendre la résurrection pour que leurs yeux, ceux de la foi, s'ouvrissent. À vrai dire, ce n'est qu'à la Résurrection et à la réception de l'Esprit Saint qu'ils ont pénétré le secret de Dieu.

Il n'y a pas que les apôtres, qui n'avaient pas envisagé la perspective de la souffrance et de la mort de Jésus. S'il était vraiment Dieu, il ne devait ni souffrir, ni mourir. Il ne devait même pas devenir humain. L'homme s'est donné une haute considération de Dieu. Même dans le monothéisme, l'incarnation n'est le propre que du christianisme. Les deux autres religions ont gardé la dimension transcendante de Dieu. D'ailleurs, les croyants judaïques ne peuvent même pas prononcer le nom de Dieu, le tétragramme YHWH, pour respecter le troisième commandement du décalogue. Nous avons vu dans le chapitre précédent l'idée de Dieu à laquelle la raison humaine, par la démarche philosophique, est parvenue. En tout cas, c'est toujours une idée transcendante traduite par des attributs comme absolu, parfait, infini… et non comme attributs analogues à ceux de l'homme, à savoir : amour, miséricorde, compassion…

Sous l'angle de la raison humaine, ainsi que nous l'avions signifié ci-dessus, l'idée de l'incarnation est quasiment impensable. Comment dès lors, concevoir un être qui soit de l'ordre du divin mais aussi mortel, créateur mais aussi humain…? Tous ces mystères constituent la spécificité du christianisme. Celui-ci ne partage pas non plus la même idée de la résurrection avec les deux autres. Si pour le Judaïsme et l'Islam, la résurrection interviendra au dernier jour, considéré comme celui du jugement dernier, pour le christianisme, elle intervient le jour même de la mort. « *Aujourd'hui,* disait Jésus au bon larron sur la croix, *tu seras avec moi dans le paradis* » *(Luc 23,43).*

En revanche, la Résurrection elle-même – en tant que mystère – ne se comprend que par la foi. Pour l'humain, donc pour la science, à la mort le corps se décompose et la vie s'éteint définitivement. Certains philosophes, comme

Épicure, ont également abondé dans ce sens.[106] Mais, du point de vue de la foi, la mort est un sommeil duquel on ne se réveille que sous l'impulsion de Dieu. (Mc 5, 36-43) La résurrection ne peut être que l'œuvre de Dieu. Raison pour laquelle on ne conjugue le verbe ''ressusciter'' qu'au mode passif. On ne se ressuscite pas mais on est ressuscité. Même celle de Jésus a été accomplie par son Père. La résurrection s'inscrit entièrement dans le registre de la foi. C'est ce qui a fait dire à l'apôtre Paul aux Corinthiens que « si Christ n'était pas ressuscité, vaine est notre foi ». (I Cor 15, 14) Lors de sa rencontre avec Marthe et Marie à l'occasion de la maladie et de la mort de leur frère Lazare, Jésus a bien montré que la résurrection relève de la foi. « *Moi, je suis la résurrection et la vie. Celui qui croit en moi, même s'il meurt, vivra ; quiconque vit et croit en moi ne mourra jamais. Crois-tu cela ?* » (Jean 11, 25).

C'est dire qu'aucune explication scientifique ni philosophique ne peut justifier la résurrection. Elle relève du mystère de Dieu que seule la foi peut éclairer. Les philosophes parlent encore de l'immortalité qu'ils attribuent généralement à l'âme. Mais cette réalité et son concept ne s'inscrivent pas à proprement parler dans la perspective théologique et ne signifient pas la même chose que la résurrection. Celle-ci désigne la vie après la mort auprès de Dieu tandis que l'immortalité, c'est le fait de vivre et de ne jamais connaître la mort. Les croyants croient en la résurrection et non à l'immortalité. Les sadducéens qui n'y croyaient pas en étaient venus à poser à Jésus, pour lui tendre un piège, la ridicule question du mariage au ciel. Étant une œuvre du Dieu invisible, la résurrection est donc un mystère qui requiert la foi.

Conclusion

Nous nous sommes évertué tout au long de ce chapitre à montrer que la foi ne s'inscrit pas dans le registre du banal, de l'ordinaire, du naturel et même du normal mais du mystère parce qu'elle porte sur le Dieu invisible. Aussi exige-t-elle de toute personne qui l'embrasse de dépasser l'humain[107] en elle pour s'ouvrir au don de Dieu. Plus, on s'abandonne à LUI, même si on n'y comprend rien, plus le

---

[106] Pierre-Marie Morel, *Épicure, "Lettre à Ménécée"*, Garnier Flammarion, 2009. §124-127. Dans ces paragraphes, Épicure dénie la réalité de la mort et invite l'homme à ne pas la craindre puisqu'elle n'existe pas. Il se justifie de la manière suivante : tant que l'on vit, on n'est pas mort et quand on est mort, on ne vit plus. D'ailleurs, à la mort, le corps se décompose.

[107] Toute opération de l'esprit requiert le dépassement sans briser l'autonomie de l'humain. Celui-ci puise en lui ses facultés pour exercer les opérations de l'esprit. La différence avec le dépassement exigé par la foi est que l'humain sort de lui pour puiser les forces ailleurs, en l'occurrence en Dieu.

mystère se dévoile. En conséquence, la foi demeure la lumière privilégiée à même d'élucider le mystère que représente Dieu. Même quand les théologiens recourent à la raison, leur démarche est totalement accompagnée par la foi. C'est en croyant qu'ils cherchent à comprendre son contenu.

La commission internationale des théologiens dit la même chose lorsqu'elle affirme que « *la démarche de l'intellectus fidei est un chemin qui part de la foi, qui est sa source et son principe permanent, et va vers la vision dans la gloire (la vision béatifique, cf. 1 Jn 3, 2), dont l'intellectus fidei est une anticipation.* »[108] Cela ne signifie pas que dans cette compréhension, la raison est totalement radiée. Étant une œuvre scientifique, la théologie s'efforce de rendre intelligible le contenu de la foi qui cherche toujours à se comprendre, selon l'expression latine : *fides quaerens intellectum.*[109] D'où, le recours et la référence aux autres disciplines profanes, notamment les sciences humaines pour interpréter, scruter les données de la révélation.

S'inscrivant dans le registre du mystère, son contenu ne peut être dévoilé qu'aux intimes de Dieu. Ceux-ci sont appelés, bibliquement, les petits et les humbles parce qu'ils sont totalement ouverts à Dieu et lui font également confiance. Ainsi, la foi est un acte de confiance et d'abandon à Dieu. Aussi le mystère, qu'elle incarne et représente, se perçoit-il désormais comme un secret que Dieu lui-même dévoile à ses confidents. Néanmoins, il n'est pas comme ce qui est voué à une incompréhension totale et définitive. Si la foi est un mystère, elle n'est pas mystérieuse du moment où elle est lumière permettant d'élucider le secret de Dieu. De l'inconnu, lié au mystère du point de vue humain, on passe au connu et au dévoilement progressif du mystère du point de vue de la foi.

C'est dans cette perspective que nous avons envisagé les croyants, les intimes de Dieu comme des mystiques puisqu'ils sont censés entretenir avec LUI des liens très intenses. Ainsi, pour nous, un croyant doit être une personne recueillie, qui intériorise et médite continuellement la parole de Dieu. Il l'intègre dans sa vie qui se voit également transformer de l'intérieur. Le croyant devrait prendre conscience qu'il réalise de manière permanente l'expérience de la présence du Dieu invisible et qu'il se trouve devant l'ineffable, le merveilleux, l'Amour par excellence. Cette

---

[108] Commission internationale des théologiens, § 17, 2012.

[109] La même commission a bien montré au § 59 que la théologie n'entend pas épuiser les secrets de Dieu mais s'efforce de rendre intelligible son contenu en offrant à l'humanité une explication rationnelle de la vérité de Dieu.

rencontre est le motif par excellence de sa joie de vivre mais aussi la raison de son implication dans le monde pour le transformer de l'intérieur.

Étant fabuleux, tout ce qui relève de ce mystère se vit personnellement. Mais, il se célèbre aussi communautairement à travers la médiation des rituels et des symboles, qui expriment et magnifient tant leurs sens que leurs profondes significations. Le sacrement de l'Eucharistie qui réalise la communion avec Dieu mais aussi avec les humains en constitue un parfait exemple d'alliance. Dans l'Eucharistie, c'est la divinité qui s'associe avec l'humanité pour la rendre plus divine. Nous réitérons les appels de saint Paul à préserver sa dimension sacrée et sa dignité.

Tout ce qui précède nous amène à conclure que la foi ne doit être ni banalisée, ni instrumentalisée, ni devenir un fonds de commerce pour exploiter et aliéner les faibles esprits. Portant sur Dieu, elle ne peut que contribuer à l'épanouissement, à l'accomplissement de l'humain et à sa libération. En revanche, elle nécessite d'être nourrie, approfondie. C'est ce à quoi nous allons nous atteler dans le prochain chapitre.

Chapitre IV : Les raisons de croire et de pratiquer

IV.1. Les raisons de croire

Les chapitres précédents ont bien relevé la double dimension du mystère qu'incarne la foi. Elle est mystère, du point de vue humain, comme ce qui dépasse non seulement son entendement mais aussi ses capacités. Ainsi, l'incroyant est loin de comprendre tant la foi comme conviction des croyants que les attitudes qui s'en dégagent. Saint Paul n'avait-il pas écrit que « *la prédication de la mort du Christ sur la croix est une folie aux yeux de ceux qui se perdent. Mais pour nous qui sommes sauvés, elle est la puissance même de Dieu ». (1cor 1, 18) Enfin,* du point de vue de la foi, le mystère est perçu comme le secret de Dieu, susceptible d'être révélé à ses intimes. Si la foi n'est pas à la portée de tout humain puisqu'elle porte sur l'invisible, il y a lieu de se poser la question de savoir pourquoi croit-on ? Qu'est-ce qui pousse l'humain à adhérer à un Dieu invisible ? Comment les croyants justifient-ils une telle adhésion ? Pour répondre à ces questions, il convient de revisiter l'histoire de l'homme avec ses dieux puis celle avec le Dieu monothéiste.

IV.1.1. Le polythéisme a précédé le monothéisme

Si, comme le pensent les croyants, c'est Dieu qui a créé l'univers et par ricochet, l'homme, c'est plutôt celui-ci, qui, le premier, s'est mis, comme par un effet collatéral, à chercher Dieu. En réalité, deux facteurs visibles ont attisé la curiosité de l'homme jusqu'à réveiller ou susciter son désir de l'invisible. Il y a d'abord l'univers ou la nature avec sa grandeur, son infinité, sa beauté, son ordre et enfin la petitesse, la finitude et les limites de l'humain lui-même. Examinons de près les deux éléments.

IV.1.1.1 L'univers

Qu'il soit conçu comme une œuvre de la création – approche de la foi – ou comme une conséquence de l'évolution – approche scientifique – l'univers a toujours fasciné l'humain puisqu'il le dépasse, vu sa magnificence, sa beauté, sa grandeur, son infinité. Il suscite chez l'humain deux attitudes ambivalentes, si pas mitigées, à savoir d'une part, la peur et d'autre part, l'émerveillement. La peur réside dans l'inconnu, le caractère énigmatique que revêt l'univers et que l'homme s'essaie à résoudre. Il y a également le suspens que la nature maintient dans son esprit, taraudé par le désir d'en connaître l'origine et la finalité. Tant qu'il n'a pas percé ce mystère, l'homme n'est pas en paix. C'est, pouvons-nous dire, la soif de résoudre ces énigmes qui l'a conduit jusqu'aux dieux. Par ailleurs, l'univers reste aussi pour lui un lieu de vie et de survie. Il lui pourvoit de quoi se nourrir, vivre mais dispose également de phénomènes destructeurs de vie.[110] C'est dire qu'autant la nature le fait vivre, autant parfois, elle est source d'attaques contre lesquelles l'homme doit se protéger.

L'autre aspect énigmatique, voire mystérieux de la nature, c'est la conviction développée par l'homme que derrière le visible, se cache l'invisible. L'homme a besoin de cet invisible pour s'assurer et être rassuré de la protection contre les éléments menaçants et destructeurs de la nature. Ne peut-on pas imaginer que pour les hommes préhistoriques par exemple, nomades par surcroît, vivant totalement de la nature, donc de la chasse et de la cueillette, celle-ci - la nature - représentait leur premier et dernier rempart ? Aussi, s'efforçaient-ils d'harmoniser avec les esprits cachés de l'univers. Ici, les raisons de croire aux esprits invisibles se justifient par le besoin de vie et de survie sur terre.[111]

Dès lors, il n'est pas étonnant que les humains aient aperçu la nature comme le lieu d'habitation des esprits ou des dieux. Puisque pour eux, la créature porte l'empreinte du créateur et le reflète, celui-ci se trouve dans la nature. D'où, les religions de la nature qu'ils avaient développées à leur époque.[112] Aussi ont-ils considéré la nature comme animée et donc sacrée. C'est ce qui a fait dire à Frédéric Lenoir que *les hommes éprouvent à la fois une grande peur parce que le monde qui les entoure est immense et les dépasse totalement et, en même temps, ils sont en admiration devant sa beauté. C'est une expérience que l'on peut faire aujourd'hui. On est terrorisé par les débordements de la nature - les cyclones, les tremblements de terre, les tsunamis-, mais on est bouleversé face à l'océan, dans*

---

[110] A titre d'exemple, nous citons les catastrophes naturelles comme le tremblement de terre, les inondations, le volcan, le tsunami…

[111] On peut se référer à Frédéric Lenoir qui explique amplement les origines des croyances dans son livre *Dieu, Petites et grandes questions pour athées et croyants*. Entretiens avec Marie Drucker, Paris, Robert Laffont 2011

[112] Si pour les besoins de subsistance, l'homme préhistorique s'était forgé la croyance aux dieux, comme esprits habitant dans la nature au point d'inventer les religions naturelles, quelques siècles plus tard, c'est plutôt l'esprit philosophique humain, notamment avec SPINOZA qui considère la nature comme l'unique substance comprenant tous les attributs de Dieu et qui enveloppe tout. Ainsi, fait-il de Dieu, la nature même. Dieu se confond avec la nature. *Éthique (1677),* trad. Maxime ROVERE, Paris, Flammarion 2021

le désert, devant les beaux paysages... Éprouver l'immensité du cosmos et en être ému est une expérience du sacré.[113]

C'est ce même univers qui fait encore et fera toujours l'objet d'études et de recherches tant scientifiques que philosophiques. Il est tellement mystérieux qu'on n'en finira pas d'en découvrir des nouveautés on ne peut plus étranges. Le moins que nous puissions en dire, et toujours pas assez, c'est que les philosophes grecs se sont basés sur l'univers pour fonder non seulement la cosmologie mais aussi leurs principes moraux et vitaux La philosophie grecque est réputée pour sa dimension pragmatique et eschatologique pour s'être érigée en réponse à la question de savoir comment vivre heureux. L'harmonie avec l'ordre cosmique se révélait être une des réponses. La pensée philosophique grecque s'est montrée plus pratique qu'abstraite.

En passant de la cosmologie aux sciences de la nature vers le XVIIème siècle, l'homme moderne n'a fait qu'emboîter le pas aux anciens. En réalité, il a utilisé beaucoup d'instruments de précision pour mieux percer ce qui, jadis, a constitué l'énigme de la nature. Aussi, qualifie-t-on ces sciences d'instrumentales[114]. Les scientifiques qui poussent leurs questionnements plus loin que le contour de leur objet et les résultats de leur recherche, finissent par croire en l'existence d'un Être supérieur.[115] Einstein, tout grand scientifique qu'il était, affirmait que *la science sans la religion est boiteuse, la religion sans la science est aveugle. L'expérience religieuse cosmique est la plus noble, la plus forte qui puisse surgir d'une recherche scientifique profonde.[116]*

---

[113] F. LENOIR, *DIEU, op.cit.*, p. 15.

[114] Il s'agit des sciences de la nature comme la physique, la chimie et la biologie, découvertes au XVIIème siècle. Deux siècles après, ce sont les disciplines portant sur l'esprit, sur l'homme qui ont acquis le statut de science. Elles sont dénommées sciences humaines.

[115] En 2009, aux États-Unis, un sondage de l'American Association for the Advancement of Science affirme que 51 % de scientifiques croient en une entité supérieure dont 33 % en Dieu.

[116]https://vigile.quebec/IMG/pdf/comment_je_vois_le_monde_-_albert_einstein.pd. Voici encore d'autres citations d'Einstein : Quiconque est sérieusement impliqué dans la science devient convaincu qu'un esprit se manifeste dans les lois de l'univers – un esprit infiniment supérieur à celui de l'homme, et devant lequel, nous avec nos pauvres pouvoirs, devons-nous sentir humbles." Albert Einstein (1879-1955), fondateur de la physique contemporaine (théorie de la relativité et prix Nobel 1921), Lettre à un enfant. Princeton, 1936. Nous citons aussi la déclaration du prix Nobel de physique, Alfred Kastler : *L'idée que le monde, l'Univers matériel s'est créé tout seul me paraît absurde ; je ne conçois pas le monde sans un créateur, donc un Dieu. Pour un physicien, un seul atome est si compliqué, si riche d'intelligence, que l'Univers matérialiste n'a pas de sens.* Cité par Jacques Duquesne, « Dieu et les Français », *L'Express,* 12 août 1968

Une telle croyance repose généralement sur la complexité de l'univers et son ordre, qui dépassent l'entendement des scientifiques. Elle repose enfin, pourrions-nous encore affirmer, sur les limites des sciences, qui ne s'intéressent qu'aux questions relatives au comment et non au pourquoi de l'existence. C'est quand l'humain se confronte à la grandeur, à la magnificence et à la beauté ineffable de l'univers qu'il s'en émerveille. En prenant ainsi conscience de l'existence d'un Être Supérieur, et/ou en Le posant, il réalise également sa petitesse, sa finitude et ses limites. C'est alors qu'il se réfère à un Infini, à un Absolu. Einstein affirmait encore ceci : *La religiosité du savant consiste à s'étonner, à s'extasier devant l'harmonie des lois de la nature dévoilant une intelligence si supérieure que toutes les pensées humaines et toute leur ingéniosité ne peuvent révéler, face à elle, que leur néant dérisoire.*[117]

IV.1.1.2. La finitude de l'homme

À moins de s'enfler d'orgueil, comment faire pour ne pas reconnaître sa petitesse devant la magnificence de l'univers ? Quand bien même l'homme ne l'assume pas, l'expérience de la contingence qu'il accomplit tout au long de sa vie, lui rappelle – s'il n'en a pas conscience – ses limites liées à sa finitude. Le temps et l'espace constituent les premiers facteurs de cette finitude. L'humain n'a ni don d'ubiquité ni d'omniscience. Il ne peut être ici et là au même moment et ne connaît pas tout. Il a un début et une fin. Il ne s'est pas forgé une existence. Il l'a reçue. Même s'il réclame et revendique l'autonomie, celle-ci ne peut être que partielle parce que sa vie est faite de dépendance. Il ne peut s'épanouir et s'accomplir qu'en étant en relation avec les autres et en comptant sur eux puisqu'il ne connaît, ni ne maîtrise tout. Autant le surgissement de la vie - la naissance – lui procure de la joie, autant sa fin – la mort – l'attriste profondément. Dans son existence ainsi que dans sa vie, il fait l'expérience des réussites comme des échecs. Il connaît des hauts et des bas.

Toutes ces expériences de la finitude suscitent en lui des questions existentielles du sens de la vie. Qui suis-je ? Pourquoi j'existe ? Quelle est la raison d'être de mon existence ? D'où je viens ? Où je vais ? Pourquoi vivre pour mourir après ? Qu'en est-il de l'après-vie ? Quelle est l'origine de l'univers dans lequel je vis ? L'expérience de l'altérité et aussi de l'adversité, qu'il fait quotidiennement – soit avec la nature comme nous l'avons souligné ci-dessus, soit avec ses congénères – constitue également une source de questionnement. Pourquoi l'autre, censé

---

[117] Idem, note 99

participer et contribuer à son bonheur, se révèle consciemment ou inconsciemment, plutôt méchant que bon et gentil à son endroit ? Même s'il ne donne pas raison à Jean-Paul Sartre, pour qui les autres c'est l'enfer, il réalise par moment une expérience amère avec eux. Et pourtant, il ne peut pas se passer d'eux puisque son bonheur est également lié à la qualité des relations qu'il noue avec eux.

L'homme ne fait pas que l'expérience de la finitude. Il cultive également de profondes aspirations. Il veut disposer de plus et être mieux. Il veut éprouver la joie de vivre, être et rendre les autres heureux. Il tient à évoluer dans un monde où règnent la paix, la justice, la vérité, la bonté et l'amour. Aussi, désire-t-il transformer l'altérité et l'adversité en altruisme, en empathie. Nous comprenons dès lors toutes les profondes réflexions qu'il s'est faites tant sur la philosophie de la vie, la politique, la sociologie que dans bien d'autres disciplines mais surtout sur la morale. Comment vivre heureux (les Grecs) et que faire pour faire le bien ? (les modernes, notamment Kant) Que des principes moraux n'a-t-il pas trouvés et dégagés de ses réflexions, devenues, selon nous, le meilleur patrimoine de l'humanité ? Même si on ne croit pas (ou pas encore) en Dieu, on est doté de raison et du bon sens pour être éclairé en tant qu'être raisonnable, sur une meilleure conduite pour répondre au mieux à ses profondes aspirations. Kant a proposé les impératifs catégoriques relevant de la raison morale pour contraindre l'humain à agir toujours moralement.[118]

Malheureusement, l'homme, à travers l'idéal et les objectifs qu'il s'assigne pour répondre à ses aspirations, met la barre très haut, tandis que les réalités, les circonstances de sa vie et ses propres limites les tirent vers le bas de manière à ne pas s'en approcher. L'apôtre Paul en a lui-même fait l'amère expérience qu'il n'a pas hésité à partager avec ses fidèles romains. *En effet, le bien que je veux, je ne le fais pas, et le mal que je ne veux pas, je le fais.* (Romain 7,19) L'homme s'est construit de pertinents systèmes et principes doctrinaux en morale, en spiritualité, voire en politique mais a toujours éprouvé des difficultés pour se les appliquer. Sa finitude constitue pour lui son véritable talon d'Achille.

Cette amère expérience de ses limites ne le laisse pas indifférent. Il réfléchit profondément sur ses propres contradictions. Il prend conscience de ses limites, de son incapacité à atteindre ses aspirations suite à ses inclinations, ses penchants vers le bas. Aussi se crée-t-il ou pose-t-il un Être au-dessus de lui pour lui venir

---

[118] E. KANT, *La critique de la raison pratique (1788),* trad. François PICAVET, Paris, P.U.F, 2016.

en aide. Même si les philosophes du soupçon – en l'occurrence Freud – estimaient que c'est l'homme qui avait inventé Dieu et, de là, concluaient à l'illusion de la foi comme de la religion, l'expérience existentielle que l'humain fait de ces contradictions et de ses limites, n'est pas négligeable. En suivant de près le raisonnement de Freud par exemple, l'humain à la recherche d'une assurance auprès d'un père naturel mais absent, le substitue à un Père fictif, vivant au ciel, pour assouvir ses besoins existentiels et combler ses désirs de paix. Pour Freud, ce père de substitution n'est qu'imaginaire et pas réel. Cependant Freud perd de vue que cet homme réalise une expérience inouïe avec ce père de substitution. Que cela soit appréhendé comme une illusion, c'est-à-dire une fausse vérité, si je peux m'exprimer ainsi, en croyant que c'est vrai alors que c'est faux parce qu'illusoire, ça ne relève que de la responsabilité du psychanalyste qui ne partage pas la même expérience avec cet homme. La croyance peut être collective mais la foi, quand bien même, elle revêt une dimension communautaire, se révèle être une expérience subjective et unique. Seul, celui qui la vit peut en savoir et en dire davantage. Une réflexion, à partir des manifestations extérieures du vécu personnel et intérieur, ne peut éclairer qu'une partie du phénomène étudié.

Jusqu'ici, nous n'avons abordé la thématique poursuivie que sous l'angle du polythéisme. Au fond, c'est l'homme, qui – partant de ses propres expériences de vie – va à la recherche des dieux et se les crée ou se les fabrique pour combler ses aspirations à la paix, son besoin de protection et de vie sur terre. En est-il ainsi du monothéisme, où la démarche est inversée ? Car, c'est Dieu qui prend l'initiative de se révéler à l'homme, de lui proposer de le suivre, d'écouter sa parole et de lui garantir la vie éternelle. Pour quelle raison l'humain adhérerait-il à ce Dieu, par surcroît invisible, mais qui se révèle à ceux qui s'ouvrent à Lui ?

IV.1.1.3 Le Dieu monothéiste

a. *LE DIEU LIBÉRATEUR*

À la différence du croyant polythéiste, qui fait le premier pas vers les dieux, qu'il s'est fabriqués, le croyant monothéiste se voit sollicité par Dieu qui prend de Lui-même l'initiative de se révéler à lui, de nouer avec lui une profonde et intense alliance. C'est le peuple d'Israël qui a eu la primeur de cette révélation du Dieu unique. En se dévoilant, le Dieu invisible a brisé une partie de son secret. En faisant irruption dans l'histoire de ce peuple, Il l'a aidé à Le découvrir. Ainsi, la première expérience que ce peuple a faite de son illustre visiteur inconnu, c'est celle d'un Dieu libérateur. C'est l'expérience de la pâque consistant au passage de l'état de l'esclave à celui du peuple libre. Cette libération, couronnée par l'alliance conclue sur le Mont Sinaï, a été scellée dans une constitution, appelée Torah. De là, est né un peuple se reconnaissant autour d'un unique Dieu, d'une seule alliance (Torah) et aussi une nation : Israël. Le peuple d'Israël a toutes les raisons de s'attacher à ce Dieu qui libère, donc qui le fait réaliser la pâque, en lui redonnant la vie, là où il ne connaissait que la mort. Ainsi, pour lui, être libéré, c'est être sauvé. Le Dieu libérateur est donc pour lui le Dieu sauveur non pas seulement au ciel mais déjà sur la terre.

La deuxième expérience, qui, elle, est à posteriori, est celle d'un Dieu créateur. Sa conviction d'un Dieu unique et libérateur, qui a réalisé ce que les autres dieux n'ont pas pu accomplir, à savoir sa libération, lui a fait nourrir la certitude que le Dieu libérateur est aussi le Dieu créateur. D'où, la relecture des mythes de création en vogue à la lumière de sa foi en l'unique Dieu. D'après cette nouvelle interprétation des mythes existant, ce ne sont plus les éléments de la nature qui sont à l'origine du monde mais c'est, ni plus ni moins, Dieu. Cette herméneutique que nous pouvons qualifier d'inspirée, livre le secret de Dieu en termes de ses projets et desseins sur l'univers, l'humanité et l'homme. Les deux récits bibliques de la création (Genèse 1 et 2) montrent clairement le privilège que Dieu a accordé à l'humain. Il est la seule créature à être créée à son image, c'est-à-dire qui Lui ressemble. *'' Faisons l'homme à notre image. Il les créa mâle et femelle. ''* *(Genèse 1, 26)*

Puis, c'est à lui que le créateur a confié l'univers qui devient son lieu de vie, et donc, d'accomplissement et d'épanouissement. Dans son encyclique *Laudato si*, le pape François en parle en termes de notre maison commune. C'est là que l'humain trouve ce dont il a besoin pour vivre. De plus, il n'est pas créé seul mais avec l'autre et les autres avec qui il peut nouer des relations épanouissantes. *''L'Eternel Dieu dit : il n'est pas bon que l'homme soit seul ; je lui ferai une aide semblable à lui ''* (Genèse 2,18). L'homme n'est pas créé seulement mâle et femelle pour procréer mais davantage pour aimer et être aimé. Pour finir, il est le seul être doté d'un langage articulé et donc de pensée et de raison. Tout ce que Dieu a prévu pour l'être humain concourt à son bonheur.

Comment ne pas s'attacher à ce Dieu et Lui faire totalement confiance ? L'homme devrait même se sentir heureux que Dieu, dans sa grandeur, ait pensé à lui. Le psaume 8, 4 ne s'interroge-t-il pas sur le fait que Dieu pense encore à l'homme ? *« Quand je contemple les cieux, ouvrage de tes mains, La lune et les étoiles que tu as créées : Qu'est-ce que l'homme, pour que tu te souviennes de lui ? Et le fils de l'homme, pour que tu prennes garde à lui ? Tu l'as fait de peu inférieur à Dieu, et tu l'as couronné de gloire et de magnificence.* » (Ps 8, 3-5)

Au regard de ce qui précède, nous pouvons arguer que l'humain, qui s'ouvre à Dieu, qui prend conscience de son plan, de ses projets pour lui et se rend également compte de sa finitude, ne peut que s'accrocher à LUI. C'est de Lui qu'il tient son existence et quand bien même il doit lui-même façonner son destin, le chemin est déjà balisé pour qu'il atteigne cet objectif. Celui qui prend conscience de ce qu'est Dieu pour lui ne peut que Lui faire confiance, adhérer à son message et lui abandonner sa vie. C'est un peu l'expérience que l'enfant fait avec ses parents. Ne pouvant rien faire sans eux, du moins dans ses premières années de vie, il s'abandonne à eux, leur faisant totalement confiance. Il vit de leur amour et de ce qu'ils lui donnent. Nous comprenons dès lors, pourquoi Jésus avait comparé le royaume de Dieu aux enfants. « *Laissez les enfants venir à moi, ne les empêchez pas, car le royaume de Dieu est à ceux qui leur ressemblent. Amen, je vous le dis : celui qui n'accueille pas le royaume de Dieu à la manière d'un enfant n'y entrera pas.* » (Matthieu 19, 14).

   b.   *Le Dieu sauveur et incarné, proche de l'homme*

Si dans le premier testament, Dieu s'est révélé comme libérateur, sauveur et créateur, dans le second, il s'est montré davantage plus proche de l'humain en revêtant carrément sa condition. Il s'est fait homme pour que celui-ci devienne comme Lui. En s'incarnant, Dieu a, quelque part, laissé à l'humain l'opportunité d'expérimenter sa transcendance pour réaliser son plan (divin) du salut. Le second testament constitue, de notre point de vue, le sommet de la révélation dans la mesure où la divinité s'est laissée palper et éprouver par l'humain. C'est là que Dieu lui a révélé toute la radicalité de son amour. Dieu a tellement aimé l'homme qu'Il n'a pas hésité à s'en approcher en prenant sa chair en toutes choses, excepté les péchés. Enfin, allant jusqu'au bout de son incarnation, Il lui a livré sa vie en mourant sur la croix pour le libérer totalement de l'emprise tant du mal que de la mort. D'où la perspective de la vie éternelle qui s'ouvre à l'horizon. Je m'en vais, disait encore Jésus à ses disciples, vous préparer une place pour que vous soyez là où je serai. (Jean 14, 1-3). Il ne reste plus qu'à l'humain à saisir toutes les opportunités, que lui offrent les deux mystères de la vie de Jésus pour vivre totalement du divin.

Comme on peut le constater, le Dieu monothéiste donne toutes les raisons à ceux qui s'ouvrent à Lui de croire. Contrairement aux dieux polythéistes qui reçoivent des ordres des humains pour exécuter leurs volontés, l'Unique Dieu fait d'abord voir à l'homme qui Il est (Je suis celui qui suis). IL lui dévoile son plan d'amour et de salut et le lui propose. Ceci est d'autant plus notoire du fait qu'Il n'est ni inventé, ni fabriqué encore moins créé par les humains. Quitte à l'homme de L'écouter, Le suivre et d'y adhérer ou pas. Il n'impose rien, ne s'impose même pas, mais Il prévient les conséquences de tout acte de désobéissance. *Car,* dit-il, *je te prescris aujourd'hui d'aimer l'Eternel, ton Dieu, de marcher dans ses voies, et d'observer ses commandements, ses lois et ses ordonnances, afin que tu vives et que tu multiplies, et que l'Eternel, ton Dieu, te bénisse dans le pays dont tu vas entrer en possession. Mais si ton cœur se détourne, si tu n'obéis point, et si tu te laisses entraîner à te prosterner devant d'autres dieux et à les servir, je vous déclare aujourd'hui que vous périrez, que vous ne prolongerez point vos jours dans le pays dont vous allez entrer en possession, après avoir passé le Jourdain.* » (Deutéronome 30, 15-18)

À y voir de près, la révélation du Dieu unique et invisible répond totalement aux aspirations de l'homme, à l'idéal qu'il se fixe de vivre dans un monde paisible où règnent les valeurs, et finalement d'atteindre le bonheur. Elle répond également aux questions existentielles, qu'il se pose, notamment sur l'origine et la finalité de l'univers, la raison d'être de son existence sur la terre, le sens de la vie, de la souffrance, de la mort et de l'après mort. Aucune discipline, si scientifiquement élevée, n'y répond de manière satisfaisante. En Dieu, l'homme trouve le repos, la joie et le bonheur. Voilà qui, d'une manière simple, justifie l'intérêt qu'a l'homme croyant de croire davantage à Dieu, de Lui rester fidèle. Mais la foi mobilise les énergies et se traduit par la pratique parce qu'elle doit se nourrir, se célébrer et témoigner. D'où la question de savoir si l'on peut croire sans pratiquer.

IV.2. Les raisons de pratiquer la foi

De nos jours, surtout en Occident européen, il n'est pas rare d'entendre la déclaration suivante : « Je suis croyant mais non-pratiquant ! ». Si la déclaration de la foi doit s'accompagner de celle de la non pratique, c'est que l'on reconnaît à la foi non seulement le fait de croire mais aussi une pratique qui lui est inhérente. Dans ce qui va suivre, nous tâcherons de décrypter cette pratique en cherchant à savoir sa nature et les raisons pour lesquelles une catégorie de croyants la rebute. Les questions suivantes nous serviront de fil conducteur : Est-il possible de croire sans pratiquer ? La foi n'implique-t-elle pas une pratique, n'oblige-t-elle pas spirituellement ? Si tel est le cas, à quoi oblige-t-elle ?

La question de la pratique mérite, également d'être approfondie. Qu'entend-on de manière générale par la pratique et la ''non-pratique'' ? Si la foi implique nécessairement une pratique, où peut-elle se déployer ? Est-ce dans l'Église et/ou dans la société ? Chacune de ces interrogations nécessite un approfondissement pour essayer de comprendre la déclaration des croyants qui se proclament non-pratiquants. Nous commencerons d'abord par donner les raisons justifiant la pratique de la foi pour nous étendre ensuite à la pratique elle-même.

IV.2.1 Pourquoi la pratique de la foi est-elle nécessaire ?

IV.2.1.1 La foi requiert d'être approfondie

Si, comme nous l'avons souligné ci-dessus, la foi s'acquiert, elle n'est pas non plus un acquis définitif parce que sur le plan strictement humain, elle repose sur des bases très légères. Nous nous y sommes intéressés au premier chapitre. Il suffit de se retrouver dans des situations existentielles très limites pour qu'elle disparaisse ou flotte. La foi appartient à l'ordre des convictions. Elle doit être nourrie, cultivée pour la rendre forte, inébranlable, indéracinable quels que soient les obstacles auxquels elle est confrontée. Ceux-ci se présentent sous différentes formes. L'incrédulité des autres peut la faire basculer et ballotter[119]. Les découvertes et le progrès de la technoscience[120], le manque d'assurance, qui font planer le doute dans les esprits, l'abondance des biens et le consumérisme… Il en est autant des épreuves existentielles de la vie, notamment la maladie, la mort et différentes autres épreuves. Tout cela s'érige parfois, si pas souvent en obstacle à la foi. L'unique façon d'y résister, c'est de la nourrir. Il reste à savoir comment ? C'est ici qu'intervient la pratique inhérente à la foi, qui, comme souligné ci-dessus et nous ne le dirons jamais assez, n'est pas innée mais est un don de Dieu.

Eu égard à ce qui précède, nous pouvons arguer que tout croyant qui tient à sa foi, c'est-à-dire à sa relation avec Dieu, se donne l'obligation de l'entretenir pour la maintenir toujours vive, profonde et imperturbable, robuste et tenace. De même qu'il est nécessaire de manger et de bien se nourrir pour vivre, de même il convient de donner à la foi une bonne santé pour la rendre efficace. Cela passe, ainsi que

---

[119] Une foi non entretenue se révèle faible, légère. Il suffit qu'elle rencontre de solides arguments des incroyants pour qu'elle disparaisse.

[120] Beaucoup ont perdu la foi suite aux explications scientifiques des phénomènes de la nature qui contredisent les explications théologiques. La théorie du Big bang par exemple a défié l'explication biblique de l'origine du monde. Le passage du géocentrisme, conception du monde qui situe la terre au centre du monde, à l'héliocentrisme – théorie scientifique qui place le soleil au centre de l'univers – avec Copernic et Galilée, a mis l'Église, partisane du géocentrisme, en mauvaise posture surtout qu'elle n'avait pas du coup admis les nouvelles théories physiques qui se sont avérées.

nous l'avons souligné au premier chapitre, par des pratiques comme la prière, l'écoute, le partage de la parole de Dieu, la fréquentation des sacrements et le témoignage chrétien de sa vie. C'est ici qu'intervient la pratique dans l'église.

IV.2.1.2. *Approfondir sa foi dans L'Église*

Étant donné la nature de la foi, qui ne s'inscrit pas dans l'ordre de la science, ni de la philosophie, c'est-à-dire de la sagesse humaine, c'est l'Église, comme institution humaine qui s'en occupe. Toute son organisation, ses institutions, ses différents ministères et son personnel sont orientés vers la foi à faire acquérir et approfondir. Il y a même au Vatican deux dicastères[121] destinés à veiller sur la foi : celui de la propagation de la foi et celui de l'évangélisation des peuples. Ils répondent ainsi à l'ordre de Jésus à ses apôtres d'aller dans toutes les nations, de faire des disciples et de baptiser en son nom. Les actes du concile Vatican II, précisément la constitution *Lumen Gentium*, indiquent clairement la mission de l'Église, sa nature, son rapport avec le monde.

Toute la catéchèse, la pastorale, les activités de l'Église tant universelle que locale vont dans ce sens. Nous n'irons pas jusqu'à emboîter les pas à Origène qui affirmait qu'en dehors de l'Église, point de salut mais nous confirmons qu'en dehors d'elle, l'approfondissement de la foi n'est pas totalement et mieux assuré[122], car telle est sa mission. Pour la réaliser, elle se dote de personnes humaines et d'une superbe organisation qui visualise sa présence dans le monde. C'est l'Église, en tant que mère des croyants, qui prépare les quatre sortes de nourritures décrites ci-dessus pour maintenir la foi en parfaite santé.

Cependant, il y en a qui nourrissent leur foi sans passer par des voies fixées par l'Église, comme celles que nous venons de citer. Il y en a qui recourent à la méditation quotidienne autour de la parole ou en se promenant dans la nature. D'autres passent par des lectures et partages. L'essentiel, c'est de trouver des moyens pour nourrir et approfondir sa foi si on croit vraiment en Dieu. Aussi, à la question de savoir s'il est possible de croire en Dieu sans pratiquer, la réponse est : tout dépend de ce que l'on veut. Il n'y a pas que les choses de ce monde qui nécessitent un entretien. Qui veut que sa maison, ses autos, ses habits, ses machines, son intelligence, durent longtemps ou soient toujours performants, pour

---

[121] Les dicastères sont les organismes constitutifs de la Curie romaine qui permettent au pape d'exercer son pouvoir ordinaire, suprême, immédiat et universel sur toute l'Église catholique romaine. Voir https://fr.wikipedia.org › wiki ›

[122] Un bémol. Les voies de Dieu étant insondables, Il peut susciter d'autres voies qu'utilisent certains pour nourrir leur foi, sans nécessairement passer par l'Église.

qu'il continue d'en bénéficier davantage, n'aura pas d'autres choix que de les entretenir. Il en est de même de la foi.

Toutefois, la pratique dans l'église se heurte parfois contre le formalisme, le légalisme, le contre-témoignage au sein même de l'église. En plus, la hiérarchie de l'Église n'est toujours pas en phase avec le monde. Elle ne s'accorde pas souvent avec lui et prend quelquefois des positions qui ne satisfont pas l'esprit du monde. Aussi, pour cette raison principalement, beaucoup de personnes préfèrent ne plus la fréquenter, ni lui confier leur foi. Une autre catégorie qui se dit croyants mais non-pratiquants ne partage plus certains contenus de la foi ou certaines interprétations officielles de l'Église et se résout à la déserter. D'autres enfin sont déçus par le contre-témoignage de la vie de certains membres de l'Église. Il ne suffit pas de prêcher mais de vivre aussi ce que l'on enseigne, d'en donner soi-même, en premier, le témoignage.

4.2.1.3 La foi requiert le témoignage.

Même si la foi est une adhésion personnelle à Dieu et à son message, faisant d'elle un acte profondément intérieur, elle s'extériorise à travers le témoignage de la vie. Au fond, pratiquer la foi, c'est témoigner d'elle, c'est vivre la même chose tant de l'intérieur que de l'extérieur. Malheureusement, on constate un écart entre ce que l'on professe et ce que l'on vit. Combien de fois Jésus n'avait-il pas fustigé l'attitude des pharisiens, les traitant même d'hypocrites par manque de cohérence entre leur prédication et leur vie ? Ne pas témoigner pour les croyants, c'est livrer au monde un contre-message et, par voie de conséquence, pas pratiquer ni vivre sa foi. C'est provoquer le scandale en déstabilisant, déviant, désorientant les faibles. Le témoignage est l'expression visible de la foi. Saint Jacques a été très clair à ce propos. Il est allé jusqu'à comparer la foi au lien entre le corps et l'âme. Sans âme, dira-t-il, le corps est mort, de même, sans œuvre, la foi est morte. (Jc 2, 26) Se dire chrétien et ne pas témoigner, c'est ni plus, ni moins incompatible. C'est ainsi qu'on fait perdre à l'Église sa crédibilité auprès de ses fidèles et, par conséquent, on porte atteinte à la pratique de la foi. Si l'on peut comprendre une telle aversion des gens à l'égard de la pratique de la foi, il y a lieu de se convertir pour être lumière du monde et sel de la terre pour eux. (Mt 5, 13-16). La pratique de la foi se passe également dans la société.

4.2.2 Témoigner de la foi dans la société

La société demeure aussi le lieu privilégié de la pratique de la foi. Par société, nous entendons le lieu commun de vie de chacun, les interactions interpersonnelles et les institutions. Étant appelés à être lumière du monde et sel de la terre, c'est dans la société que les croyants sont censés rayonner pour la transformer de l'intérieur. Si les croyants ne doivent pas adopter l'esprit du monde parce qu'il ne correspond pas toujours avec celui des Écritures, néanmoins ils demeurent dans le monde. (Jn 17, 14) C'est là qu'ils sont invités à accomplir leur mission de baptisés. En réalité, ils sont conviés à donner à la société, à travers leur présence et leur manière d'y être, ce qu'ils ont reçu de l'Église. Les écritures ne demandent-elles pas à celui qui a reçu gratuitement de donner aussi gratuitement ? (Mt 10, 18) À celui qui a beaucoup reçu, elles exigent aussi beaucoup.

Il s'agit pour les croyants d'assumer le contenu de la foi, donc la Parole de Dieu pour le déverser dans le monde de manière à y imprégner de valeurs spirituelles et l'esprit évangélique. Quelle que soit la couleur politique adoptée par leurs gouvernants, les sociétés en ont besoin comme référence, guide et lumière pour servir le bien commun. Le Concile Vatican II, dans sa constitution ''Gaudium et Spes'' - *L'Église dans le monde de ce temps* - a approfondi de fond en comble l'engagement des chrétiens dans le monde. Sa doctrine sociale y revient également. Si l'Église a été envisagée par le même concile comme peuple de Dieu, affirmant ainsi le rôle et la participation des laïcs dans les différentes activités pastorales (voir les constitutions Lumen Gentium et Ad Gentes), le même concile a aussi situé la mission des laïcs dans le monde.

4.2.2.1. La société : lieu commun de témoignage

C'est ici que les croyants pratiquants et non-pratiquants se rejoignent. Puisque ces derniers ne pratiquent pas dans l'Église, ils peuvent bien se vanter de pratiquer dans la société. Ils sont aimables et disponibles, rendent service, pratiquent et luttent pour la justice, ont le cœur sur la main. Parfois, ils excellent même dans la bonté, la générosité, la justice, la charité, la paix par rapport aux pratiquants. D'où les questions ou les répliques que peuvent adresser les croyants non-pratiquants aux pratiquants : faut-il nécessairement recourir à la pratique dans l'Église pour manifester sa foi du moment où la pratique dans la société, telle que décrite ci-dessus, participe également du témoignage de la foi ? Être bon chrétien ne passe-t-il pas aussi par le témoignage de sa vie dans la société ? Pratiquer dans l'Église suffit-il pour se prévaloir de bonnes relations avec Dieu ?

Il convient de faire remarquer qu'en parlant de la pratique de la foi ou de son absence, nous nous intéressons aux croyants. Cependant, la pratique dans la société ne concerne pas que les croyants mais implique tout humain sensé, raisonnable. Les incroyants (ceux qui ne croient pas en Dieu) prétendent même que la société constitue leur domaine de prédilection. Ceux qui s'octroient le qualificatif de laïc - en lien avec la laïcité -[123] pensent que le domaine du séculier, celui du monde leur appartient en premier lieu et qu'il ne peut être mieux géré que selon les principes séculiers, fondés entièrement sur la raison humaine. Bon nombre de philosophes et sociologues ont entériné cette position. Habermas, un philosophe allemand de grande renommée, a même estimé qu'une fois que dans une société, la rationalité a atteint le niveau communicationnel[124], la religion n'y a plus de place. Elle est reléguée dans la sphère privée où elle sert de consolation aux personnes qui y recourent.[125] Marcel Gauchet a analysé le long mouvement qui a conduit les sociétés modernes à s'émanciper de la tutelle d'une autorité surnaturelle pour se conduire selon leurs propres normes. Il a affirmé qu'actuellement les hommes modernes traversent l'ère de la sortie de la religion dans leur société.[126] C'est dire que, dans la société, la pratique n'est pas seulement l'apanage des croyants "pratiquants" ou pas mais de tout humain raisonnable.

4.2.2.2. L'originalité de l'engagement des croyants dans la société

L'impact positif, comme le témoignage des croyants dans le devenir de la société, n'est pas uniquement leur apanage, ni celui de non-pratiquants. Il est également celui des non-croyants qui prennent en charge la gestion de la société de manière autonome, sans recourir aux principes religieux. D'où les questions suivantes : si croyants et incroyants agissent dans la société, quelle est alors l'originalité, la spécificité de la pratique des croyants ? Avec l'évolution conséquente de la société, l'éclairage de la foi lui est-il encore indispensable ? Enfin, la foi, déjà privatisée, ne serait-elle pas réduite au salut de l'âme ?

Comme souligné ci-dessus, c'est dans le monde, dans la société où ils vivent, que le témoignage des chrétiens est tant attendu. Les croyants, comme les incroyants, accomplissent les activités du monde selon le principe et la finalité de chacune. S'ils exercent dans la politique et/ou dans un autre secteur du monde, ils agissent

---

[123] Laïcité : un régime politique qui entend gouverner selon les normes de la raison humaine et ne se laisse pas influencer par les principes religieux. Un régime qui ne privilégie aucune religion mais les accepte toutes mais les relègue dans l'espace privée des individus.

[124] Le niveau communicationnel est celui où les membres d'une entité discutent de manière argumentative sur des normes devant réguler leur vivre ensemble pour aboutir à des consensus.

[125] Cette thèse se retrouve dans plusieurs œuvres de Habermas de jeunesse comme dans les 2 tomes de la Théorie de l'agir communicationnel, t.1, Paris Fayard, 1987

[126] M.GAUCHET, *Le désenchantement du monde* op.cit. Voir note 3

comme leurs normes l'exigent. Mais à la différence des incroyants, les croyants s'inspirent et se laissent également éclairer par la lumière de la Parole de Dieu pour imprégner ces activités de valeurs évangéliques. L'action du croyant est motivée et mue par sa foi. Elle est orientée vers l'avènement du règne de Dieu. Les croyants sont censés instaurer le Royaume de Dieu sur terre. De ce fait, ils n'agissent pas seulement en humain mais aussi en homme de foi et donc sous l'inspiration de l'Esprit divin. Certes, celui-ci n'influe pas sur les compétences requises dans les disciplines et activités humaines mais il aide les croyants à y apporter un souffle nouveau, un sens divino-humain. Cette option n'est pas du tout évidente vu les altercations, les embûches, les diverses tentations relevant de leurs propres envies mais aussi les pièges que leur tendent les adversaires. Sur ce chemin, les croyants rencontrent l'adversité du monde, dont les principes ne concordent pas toujours avec ceux de Dieu. Mais, s'ils ne capitulent pas devant eux à cause ou grâce à leur foi alors ils se révèlent lumière du monde et sel de la terre. Ils répondent ainsi à leur vocation et à la mission qui leur a été assignée par le Christ

Dans la vie quotidienne, la pratique consiste à assumer et intérioriser les valeurs comme la justice, l'équité, la paix, le pardon, la vérité, la tendresse, la sympathie, l'empathie… À la différence des non-croyants, les croyants les assument non seulement en humains mais aussi en lien avec leur foi. Sans elle, la motivation reste atteinte par les limites humaines. Mais avec elle, la motivation, bénéficiant de la grâce de Dieu, franchit les limites humaines pour pousser les croyants au-delà de leurs forces. L'humain peut bien se fixer un idéal et s'efforcer de l'atteindre mais, limité par sa finitude, il n'y parvient toujours pas.

Nous ne l'affirmerons jamais assez : sans la grâce de Dieu, ses bénédictions et son Esprit, l'humain ne parviendra pas au-delà du seuil de ses capacités, et-ce, dans tous les domaines même dans celui de la générosité. Être croyant invite à un dépassement continuel de l'humain, donc de l'égo pour se hisser au niveau de Dieu et rayonner. Le croyant détient une force incompréhensible du point de vue humain pour réaliser ce qui est humainement impossible. Voilà pourquoi son amour est censé être radical et universel. L'amour et l'agir des croyants ne s'inscrivent pas dans le registre de la philanthropie mais dans un amour radical pouvant aller jusqu'à l'offrande de sa propre vie à l'instar du Crucifié-Ressuscité.

Les limites de l'homme, qui veut vivre de manière idéale les principes moraux comme spirituels, lui exigent une ouverture à l'au-delà pour parvenir à ses fins. Même les philosophes, censés recourir uniquement à la raison humaine, sont arrivés à cette conclusion. C'est dire que l'autonomie, à laquelle l'homme moderne recourt, ne peut être que partielle et non absolue, à moins de vouloir aplatir sa vie pour la limiter dans les horizons totalement humains. En revanche, celui qui entend donner un sens à sa vie ne pourra se contenter de perspectives entièrement horizontales sans une brèche à la verticalité. L'humain a beau avoir des projets, se doter d'idéologies, voire de principes de vie, cependant leur mise en pratique exige toujours un dépassement de soi-même voire de toute la collectivité. Ce dépassement plonge l'humain dans le domaine de la transcendantalité tant humaine, relevant de la raison, que divine. Il constitue la preuve de son incapacité de répondre positivement par lui-même à ses propres aspirations au meilleur, au parfait. Seule l'ouverture à un Absolu, qui est Dieu pour les croyants, est susceptible de les aider à dépasser un tant soit peu leurs limites.

Conclusion

Nous nous sommes efforcés de montrer tout au long de ce chapitre que les raisons de croire en Dieu procèdent aussi bien du fait de la création que de la finitude de l'homme et de la Révélation. Les énigmes de l'univers et les limites de l'humain l'ont poussé à rechercher Dieu. Dès son apparition au monde, l'humain a manifesté la soif – disons mieux – le désir d'avoir un ou plusieurs dieux pour veiller à sa vie, le protéger. Ne l'ayant pas trouvé, il les a inventés et/ou fabriqués. Ne pouvons-nous pas arguer que c'est l'humain d'abord qui a manifesté un intérêt aux êtres au-dessus de lui au point de s'en pourvoir ? Le Dieu de la révélation ne serait-il pas venu combler, assouvir cette soif de l'humain de disposer d'un être suprême ?

Nous estimons pour notre part que le Dieu de la révélation a porté au plus haut niveau les aspirations des hommes. Il s'est dévoilé non seulement comme le protecteur ou le pourvoyeur des biens terrestres mais surtout comme le sauveur, le libérateur et le créateur. Il apporte le salut et, de ce fait, répond aux aspirations profondes de ses créatures. Mieux encore, Il se dévoile devant eux à la fois comme Père et Mère, plein d'amour, de tendresse, de compassion, prenant parti pour les faibles, réclamant la justice, le droit et la dignité pour tous. Bref, tout ce qui peut attirer les humains vers Lui. Il suffit de s'ouvrir à Lui, de Le découvrir tel qu'Il s'est révélé pour s'en rendre compte et s'y attacher. Cette relation d'alliance, qui se noue entre les humains et Lui, justifie la nécessité et la pertinence de la pratique de la foi.

De notre point de vue, croire et pratiquer participent d'un même processus : l'un ne va pas sans l'autre. Aussi, croire sans pratiquer, c'est quelque part tordre l'acte de foi. C'est lui qui en pâtit en subissant un coup quasiment mortel. La foi ne se vit pas de manière ponctuelle, ni saisonnière, à l'occasion de certains événements. La non-pratique entrave non seulement la relation, censée être permanente, avec Dieu mais aussi l'idée que l'on en fait, en l'orientant quasiment dans une perspective utilitariste où on ne recourt à Lui qu'en cas de besoin. Pourtant, l'acte de croire requiert un degré élevé d'implication avec Dieu. Et l'Église, par conséquent, demeure le lieu privilégié de son approfondissement. Même si, en tant qu'institution conduite par des humains, elle déçoit parfois ses membres par ses paroles, ses attitudes et ses positions, elle reste la mère nourricière de notre foi. Dans tous les cas, quand la foi est mûre, elle ne se laisse pas ballotter par des attitudes humaines puisqu'elle porte sur Dieu et non sur ce qui relève des humains. Voilà une raison de plus pour l'approfondir davantage.

Cependant, la pratique ne consiste pas seulement à nourrir sa foi pour la rendre forte et inébranlable. Elle se présente aussi comme témoignage de notre vie de foi. Sous cet angle, croire implique le témoignage de foi. Il y a un lien étroit entre croire et témoigner, et donc pratiquer. Or, de ce point de vue, il n'y a pas que l'Église qui en constitue l'endroit privilégié. La société en fait également partie. Elle se révèle être le point d'intersection entre croyants pratiquants ou pas et non-croyants. Le témoignage des croyants pratiquants est une exigence de leur foi. Celui des non-pratiquants rejoint quelque peu la motivation des non-croyants. Il repose, notamment, sur les impératifs de la raison, comme l'affirme Emmanuel Kant. La différence est que, suite à l'amour absolu de Dieu et à la radicalité de ses promesses, les croyants se prêtent à l'offrande de leur vie. Ils vont donc aller jusqu'au bout de leur engagement et recevoir de Dieu une telle force sans laquelle leur implication est partielle. Une telle détermination n'est-elle que l'apanage des croyants ? La question demeure ouverte.

Toutefois, nous sommes persuadés que les convictions fortes sont susceptibles d'un engagement radical, allant jusqu'au prix extrême de la vie. Cependant, il n'est pas évident que tous les croyants - même ceux qui approfondissent leur foi - atteignent un degré si élevé de foi, comme celui qui avait caractérisé les sept fils de Maccabées. (2 Macc. 7) Ceux-ci, rappelons-le, sont tous morts martyrs pour avoir désobéi aux ordres du Roi, qui les astreignait à violer une loi divine. Certes, aucune personne ne cherche la mort, même pas les martyrs. Mais devant certaines valeurs et certains principes, la mort est préférable à leur renoncement. C'est dans ce sens que nous comprenons les paroles de Jésus, reprises par les quatre évangélistes, à savoir : ***Qui veut sauver sa vie, la perdra et qui la perd à cause de moi, la sauvera***. Si ce n'est pas évident pour les croyants, le sera-t-il pour les non-pratiquants et les non-croyants ?

Conclusion générale

Nous nous sommes évertués tout au long de cette réflexion à savoir s'il était normal de croire en Dieu. Nous avons réalisé que la foi, qui est l'acte de croire au Dieu invisible, n'est pas du ressort humain mais divin. Ainsi, humainement parlant, c'est plutôt l'incroyance qui est normale puisque naturelle et innée. On ne naît pas croyant mais on le devient en accueillant le don de Dieu et en s'ouvrant à Lui. Cela se fait par l'intermédiaire des autres, qui font connaître Dieu au nouveau croyant en lui parlant de Lui. La foi est suscitée par l'écoute et l'accueil de la Parole. Cependant, affirmer qu'il est humainement anormal de croire ne rend pas l'acte de croire impossible. Il est possible de croire, moyennant les conditions que nous avons relevées ci-dessus.

Comme on peut le constater, dans l'acte de croire, la part aussi bien de Dieu que de l'humain est de mise. Elle est importante et donc considérable puisqu'il est question de transcender tout ce qui relève de l'humain pour se hisser au niveau du divin, grâce aussi à son aide. Tout nous montre que la part de l'humain seule ne suffit pas pour croire en Dieu. La foi nous porte vers un monde qui échappe à l'humain parce qu'il n'est pas le sien. On ne s'ouvre à ce monde que par la foi. De plus, n'étant pas naturelle, elle – la foi – ne s'inscrit pas non plus dans le registre humain. Voilà pourquoi, elle n'est pas non plus évidente pour l'humain. C'est ce qui explique souvent la tension entre elle et la raison qui, elle, est innée et donc naturelle. Tantôt la foi est compatible avec la raison, et parfois totalement en conflit. Tout dépend de la matière qu'on aborde et du point de vue dans lequel on se situe. Le moins que nous puissions dire, c'est que la foi est un mystère de Dieu. On ne la comprend qu'en se situant dans sa perspective.

En tant que mystère, elle constitue le canal par lequel Dieu passe pour se faire connaître à l'humain. C'est à travers elle que l'humain reçoit les révélations divines. Dieu dévoile ses secrets à ceux qui lui font confiance. Ainsi, ceux qui ont la foi, donc qui croient en Dieu, entrent en communion profonde avec Lui. Raison pour laquelle nous les considérons comme des mystiques. Aussi, la foi ne convient-elle pas d'être banalisée. Elle ne s'inscrit pas dans le registre de l'ordinaire, donc du naturel mais du surnaturel. Mettant l'humain en relation avec le divin, la foi profondément vécue, transforme de fond en comble la vie du croyant au point de paraître différente de celle des autres. Cela s'entend bien puisque la vie du croyant n'est pas commandée uniquement par l'humain constitutif de son être mais aussi par le divin. Elle est porteuse et imprégnée de valeurs divines. Elle se laisse orientée et éclairée par la lumière et la logique divines.

De ce fait, la foi change également la vision du monde et des choses pour les croyants. Le regard, que les croyants portent tant sur le monde que sur ses biens et ses activités, passe également de l'angle humain à celui du divin. L'orgueil qui caractérise l'humain cède la place à l'humilité ; l'attachement à l'avoir et au pouvoir, au détachement ; la rancune, la colère au pardon ; et la haine, le mépris à l'amour non pas seulement particulier mais universel. La vie du croyant transformée intégralement par la foi - puisque remplie du divin - devient toute autre. Le croyant, comme dit Jésus dans l'Évangile de saint Jean, est dans le monde sans être du monde. (Jean 15, 19; 17, 14)

D'où l'intérêt qu'a le croyant à approfondir sa foi. Ce n'est pas évident d'être dans le monde et de ne pas se laisser influencer par son esprit. Le monde, avec ses activités, accapare l'humain. Par conséquent, le monde reste la seule référence pour quelqu'un qui n'a pas la foi. Grâce à elle, les croyants font partie d'un lot à part, se distinguent des autres en prenant distance de l'esprit mondain qui dirige, oriente, motive et commande parfois l'agir de tout humain. Certes, il y a aussi le discernement, le jugement qui permet à tout humain de s'accommoder à l'esprit mondain ou d'en prendre distance. Mais la foi a l'avantage de dépasser, non seulement l'esprit du monde, mais aussi celui de l'homme en hissant le croyant vers l'idéal, l'excellence, la perfection et l'amour divin. Si la foi élève vers le Dieu sauveur en tant que libérateur et créateur, il n'est pas indiqué de s'en servir pour aliéner, aveugler les naïfs, moins encore servir les intérêts mesquins, inavoués des individus. Elle a une vocation libératrice et salvatrice.

Bibliographie

Livres cités

André Comte-Sponville, *L'Esprit de de l'athéisme, Introduction à une spiritualité sans Dieu*, Paris, Albin Michel, 2006

Aristote*, Physique*, II, 3 et 7 ; Métaphysique III, A, 3-10 ; Métaphysique, B, 2, 996 a 17 - b 25, …

Baruch SPINOZA, *L'éthique*, Paris, P.U.F, (Borda) 1970,

Baruch SPINOZA, *Traité théologico-politique*, Spinoza, trad. du latin, par Dan Arbib, in *Œuvres complètes*, sous la direction de Bernard Pautrat, Paris, Gallimard, "Bibliothèque de la Pléiade", 2022.

Benoît XVI : « *L'année de la foi. Qu'est-ce que la foi ?* », Benoît XVI, Audience générale du mercredi 24 octobre 2012.

Bernard SEVE, La question philosophique de l'existence de Dieu, Paris, PUF, 1994, 329 p.

Bertrand VERGELY, *Le silence de Dieu face aux malheurs du monde*, Paris, Presses de la Renaissance, 2006, 288p

Cicéron, *De la nature des dieux*, I, i, 2 et XXIII, 63)

D. VILLEPELET, *L'avenir de la catéchèse*, Paris-Bruxelles, Ed de l'atelier-Lumen Vitae, 2003 ; Les défis de la transmission dans un monde complexe. Nouvelles problématiques catéchétiques (Théologie à l'Université) Paris, Desclée de Brouwer, 2009

Emmanuel KANT, *La critique de la raison pure*, Paris, PUF, 1781

Emmanuel KANT, *La religion dans les limites de la raison,* trad. Jacques TRULLARD, Paris, Librairie de Lagrange, 1841.

Emmanuel KANT, *Critique de la raison pratique*, trad. François PICAVET, Paris, Félix Alcan 1888.

Fabien Clavel, Viviane Koenig, *Dieux et héros de la mythologie grecque*, Paris, Fleurus, (Collection « Hors collection documentaire »), 2018, 192 p.

Franck TÉTART, Cyrille SUSS, *Atlas des religions et enjeux géopolitiques*, Atlas-religions, Paris, 2015

F. NIETZSCHE, *Le Gai Savoir*, Patrick Wotling, GF Flammarion, 1998, rééd. 2007.

Frédéric Lenoir, *Petites et grandes questions pour athées et croyants*. Entretiens avec Marie Drucker, Paris, Robert Laffont 2011

Friedrich NIETZSCHE, *Ainsi parlait Zarathoustra*, traduction de Hans HILDENBRAND, Paris, Éditions Kimé, 2012, 357 p.

Friedrich NIETZSCHE, *Œuvres philosophiques complètes. 8. 1, Le cas Wagner. Crépuscule des Idoles. L'Antéchrist. Ecce Homo*, textes et variantes établis par Giorgio COLLI et Mazzino MONTINARI ; traduits de l'allemand par Jean-Claude HÉMERY, Paris, Gallimard, 1974, 596 p

Germain Jin-Sang Kwak, *La foi comme vie communiquée - Fides qua et fides quae chez Henri de Lubac*, Paris, Desclée De Brouwer, 2011

Jacques Duquesne, « *Dieu et les Français* », *L'Express*, 12 août 1968

Jean-François Malherbe, *Le langage théologique à l'âge de la science*, Lecture de Jean Ladrière, Cerf, 1985.

Jean-Luc PÉRILLIÉ, *Symmetria et rationalité harmonique : origine pythagoricienne de la notion grecques de symétrie*, Paris, Harmattan, 2005, 282

Jean-Paul II, Lettre Encyclique *Fides et Ratio,* Rome, *le 14 septembre 1998*

Jean-Paul SARTRE, *L'existentialisme est un humanisme*, Nagel, Paris, 1946, p.

Jürgen Habermas, *Théorie de l'agir communicationnel*, t.1, 2, Paris Fayard, 1987, 2001.

Karl MARX, *Contribution à la critique de la philosophie du droit de Hegel*, édition préparée, présentée et annotée et texte traduit par Victor BÉGUIN, Alix BOUFFARD, Paul GUERPILLON, Paris, les Éditions sociales, 2018, 343 p

Karl MARX, *Contribution à la critique de la philosophie du droit de Hegel*, édition préparée, présentée et annotée et texte traduit par Victor BÉGUIN, Alix BOUFFARD, Paul GUERPILLON, Paris, les Éditions sociales, 2018, 343 p

Karl MARX, *Contribution à la critique de la philosophie du droit de Hegel*, édition préparée, présentée et annotée et texte traduit par Victor BÉGUIN, Alix BOUFFARD, Paul GUERPILLON, Paris, les Éditions sociales, 2018, 343 p

Ludwig Wittgenstein, *Tractatus logico-philosophicus*, (trad. Gilles Gaston Granger), éd. Gallimard Tel, 1993

Marcel GAUCHET, *Le désenchantement du monde. Une histoire politique de la religion,* Paris, Gallimard, *1985.*

Marcel GAUCHET et Luc FERRY, *Le religieux après la religion*, Grasset, Paris, 2004.

M. Onfray, *Traité d'athéologie*, Paris, Grasset, 2005, p. 157. Voir aussi, *Décadence, Vie et mort du judéo-christianisme*, Paris Flammarion, 2017; 64P et enfin, *Théorie de Jésus. Biographie d'une idée,* Paris, Bouquins-Essais 2023, 287p

Michel Serres, La Distribution. Hermès IV, Les Éditions de Minuit, 1977

Pierre PIRET, *La foi et la raison : leur relation*, dans *Nouvelle revue théologique*, t. 135, n°3 (2013), p. 387-396 ;

Platon, *Les lois,* X, 895, Paris, Gallimard 1997

R. Descartes, *Méditations métaphysiques*, GF Flammarion, Paris, 2011,

Sigmund FREUD, *L'avenir d'une illusion*, traduction de Dorian ASTOR et présentation de Pierre PELLEGRIN, Paris, Flammarion, 2019, 170 p

Sigmund FREUD, *L'homme Moïse et la religion monothéiste*, traduit de l'allemand par Janine ALTOUNIAN, Pierre COTET, Pascale Haller, Paris, PUF, 2011, 156 p

Thomas d'Aquin, *Somme Théologique*, III Qu.75 a.4, 1273

Thomas d'Aquin, *Les principes de la réalité naturelle*, Édité par Jean MADIRAN, Paris, Nouvelles éditions latines, (Collection Docteur commun, 1), 1994, 123 p (voir ici les p. 57-94).

Saint Thomas d'Aquin, *Opuscules,* Vol. 3, Londres, Forgotten Books, 636 p

William JAMES, *La raison et la foi* (1905), dans Archives de Philosophie, t. 69, n° 3 (2006), p. 369-374.

Autres ouvrages

André Comte-Sponville, *Le mythe d'Icare : Traité du désespoir et de la béatitude,* Paris, P.U.F, 1993

André Fossion,

Commission théologique internationale (CIT) n°6 1975, n°25, 2012.

Dominique Fontaine, *Foi chrétienne racontée aux athées*, Paris, Atelier, 2006

Fred g Zaspel et Jean-Jacques Riou, *L'essentiel de la théologie chrétienne, Cruciformes*, 2022

Joseph de Kezeel, *Foi et religion dans une société moderne*, Edit Salvator, 2021

Joseph Ratzinger, *La foi chrétienne. Hier et aujourd'hui*, Paris, Cerf 2005

Joseph Ratzinger, *Entretien sur la foi*, Paris Fayard, 2005

Myriam Lakhdar , *Le plan de Dieu t2*, Hedilina 2023.

Théodule. Rey-Mermet, *Croire. Pour une découverte de LA FOI*, Limoges, Droguet & Ardant, 1981.

Table des matières

Printed by Books on Demand GmbH, Norderstedt / Germany